NF文庫
ノンフィクション

満鉄と満洲事変

岡田和裕

潮書房光人新社

新京の南満洲鉄道（満鉄）本社。満鉄は1943年、本社機能を大連から新京に移した

創業時の満鉄本社の建物がそのまま残っており、現在は大連鉄路局として使用されている

1902年、物資が積まれている大連港

今も残る開原駅の満鉄時代の倉庫。当時は長春と並び満鉄本線最大の大豆の集荷駅だった

張作霖爆殺現場の当時（上）と現在（下）の様子。下写真左方に黒い石碑がある

関東軍高級参謀だった河本大作

1924年8月、奉天の本庄繁（左）と張作霖

現在の湯山城駅。日露講和後、第14師団は安奉線を警護することになり、河本大作は湯山城の守備隊長を命じられた

張作霖爆殺事件当夜、物々しい警戒が敷かれた京奉線の瀋陽駅はいま、事務所として使われている

当時の奉天駅は現在、瀋陽駅となっている

鴨緑江の断橋のふもとには戦前からのトーチカが現存している

大連の元河本大作邸。現在はホテルの施設の一部になっている

現在も残っている甘粕正彦が爆弾を投げつけたハルビンの日本総領事館（左）と朝鮮銀行

板垣と石原が揃って、大連の要人に時局を語った大連ヤマトホテル。写真のように、いまも大連賓館というホテルである

手を結んだ蔣介石（右）と張学良

板垣征四郎

石原莞爾

満洲事変勃発の地・柳条湖

柳条湖の満鉄線爆破地点に建てられた碑

首都として栄えた新京駅。1914年の駅の竣工当時は長春駅

事変勃発直後の東拓ビル（右）。まだ歩哨小屋はなく、「関東軍司令部」の看板も垂れ幕になっている。左は現在の東拓ビル。瀋陽市が使用している

東拓ビルは現在、史跡として指定され、看板がかかっている

当時、柳条湖の爆破地点に建てられた爆破をかたどったコンクリートの碑は、現在、九・一八歴史博物館の広場に横倒しにされて置かれている

写真左方が満鉄総裁内田康哉が関東軍首脳と歓談した奉天ヤマトホテル

奉天独立守備隊司令部と特務機関のあった北五条通りの標識。現在、建物はどちらもない

奉天ヤマトホテルは現在、遼寧賓館というホテルになっている

満洲一の炭鉱で満鉄の直営だった撫順炭鉱の事務所は、現在も炭鉱事務所である

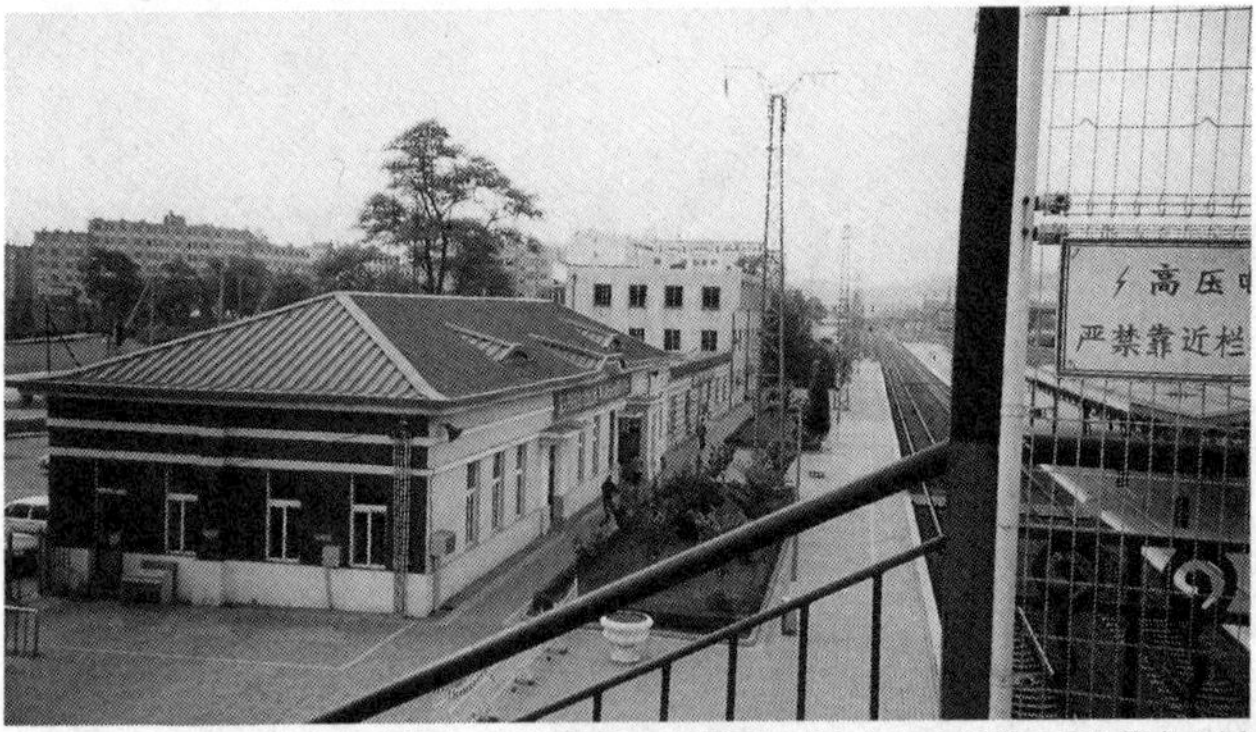

事変発生時、軍司令官本庄繁ら一行が旅順から奉天に向かうため急行に乗り換えた周水子駅

元満洲重工業株式会社の本社ビル。現在は建て増しされて形が変わっている

吉林を戦火から守るため吉林総領事の石射猪太郎が送った使者と多門二郎が出会った樺皮廠駅

満鉄の出資で作られた鞍山製鉄所の溶鉱炉

写真提供／著者・雑誌「丸」編集部

満鉄と満洲事変——目次

第七章――楽土　249

エピローグ――変転　305

満鉄と満洲事変

（「大東亜共栄圏地図帖」地図研究所編〈昭和19年発行〉より作製）

プロローグ――工作

満鉄の苦況

張作霖《さくりん》・学良《がくりょう》父子が敵としたのは、満鉄に象徴される日本の権益《けんえき》だった。張父子は二代にわたって鉄道を武器に日本に挑み、日本がそれに反撃した。

満洲事変（以下、事変）である。事変の構図を端的に示せばこういうことなのである。

では関東軍はどうなのか。事変を起こしたのは関東軍ではなかったのか。いかにも事変を牽引《けんいん》したのは関東軍だ。しかし事変を誘発した根源は関東軍ではなく満鉄にあった。誤解を恐れずにいえば、満鉄が存在しなかったら事変は起きなかった。

周知のように日露戦争の結果、日本が取得した南満洲における権益の管理、開発を日本政府は満鉄に委ねた。満鉄（正式名・南満洲鉄道株式会社）はそのために設立された。日本の権益は、もとより正当なものだが、ナショナリズムに目覚めた中国民衆は、かつて失った自国の権益奪回運動を壮絶なまでに展開し、それを認めない日本との対立を深めた。その沸点が柳条湖の爆破という形で現われたのである。

満鉄の立場は微妙である。満鉄があったから事変が起きたといえば、満鉄関係者は不満であろうが、一歩引いて見れば、満鉄が満洲で行なってきた拡張路線は、中国側からすれば侵略行為そのものなのである。ただし拡張路線をとったのは日本政府であって、満鉄は政府の意を受けてやっただけのこと。その結果、満鉄が侵略の象徴として位置付けられるのは不本意であろうが、宿命として甘受するしかない。

この際、誤解のないように明記しておくが、満鉄に職を得た者たちは、日本の明日を担う心意気で、時には命の危険さえかえりみず、日常の業務に励んだ。信じがたいだろうが、侵略という意識は微塵もなかった。彼らは一メートルでも先に鉄道を敷くということに全力を傾注した。鉄道ができれば沿線の開発が進み、追いかけて文明がやってきて地域の民度が高まると信じたのである。

事変の後に誕生した満洲国は、改めて指摘するまでもなく、満鉄を土台に築かれた国家である。満鉄と満洲国が残したインフラは、百年近く経った今も東北三省（旧満洲）での社会生活の基盤になっている。交通、産業、電力、通信、教育、医療施設しかりである。東北を旅するとよくわかるが、アレもコレも日本時代のものなのに、いまさらながら驚く。

しかし、当時の中国にとっては日本は招かざる客である。できるものなら追い出したい。日本の顔色をうかがいながら、時にへつらい、時に抵抗した張作霖だが、そのことが頭から離れることはなかった。

とはいえ、武器を手に戦ったのでは勝ち目がない。ならばと満鉄に目をつけた。潰せないまで、相当に痛めつけることはできる。満鉄が衰退すれば、満洲における日本人社会全体が萎縮すると考えたのである。作霖の意思は子学良へと引き継がれ、ついに事変に至るのである。

満鉄は鉄道以外にも鉱業、製鉄、港湾、精油などの事業部門を持つ巨大コングロマリットだが、収益の主力は鉄道、それも満鉄本線からの運賃収入で、その半分近くが大豆などの穀物輸送であったことは、いつの時代も変わらなかった。当時、大豆は満洲唯一のグローバル・ブランドとして、国際市場での飛躍を目指していた。需要が拡大するにつれて、耕作地は満鉄本線を中心に東西、北へと広がってゆき、収穫された穀物が満鉄本線に流れるシステムが形成されつつあった。

作霖はその流れを止めたかったのである。貯水池の出水口を塞げば、下流はいやでも枯渇する。作霖はまず満鉄本線と平行して走る競合線の建設に着手しつつ、生産農家と満鉄との橋渡しをしていた中国人仲買い業者（糧桟）に圧力をかけた。満鉄に荷を回す業者に税を厚くし、さらに加えて鉄道運賃を満鉄の下に設定した。かくして業者の多くが満鉄から離れた。

しかし、組織が未熟で管理・運行が行き届かない作霖の鉄道は時間通りに走ったことがなく、積み出し港の葫蘆《ころ》島の設備も整っていないことからトラブルが頻発。積み荷の一部が抜かれたり、時には貨車ごと消えることさえあった。内部の不心得者と結託した盗人の仕業である。

満鉄はいずれ大豆は戻ってくると高をくくっていたが、一度できた流れは簡単には変わらなかった。だが打つ手がない。満鉄が権利を主張できるのは鉄道付属地内だけで、一歩はずれるとそこは中国の領土で、日本が口や手を出せば、大きな政治問題に発展しかねない。

張政府のとある要人は満洲における日本を〈帯〉にたとえた。大連から長春に至る鉄道とそれに付属する狭小な土地、いわゆる鉄道付属地を地図で見ると、確かに一条の帯でしかない。しかしその帯は日本における東海道新幹線のようなもので、仮に某国が新幹線を所有し、沿線の東京、横浜、名古屋、大阪に強大な経済基盤を持つとしたら、日本は何をしてでも排除しようとするであろうと考えたら、張作霖のやったことも理解できるというものである。

ポーツマスの日露講和条約を受けて、一九〇六年に日本と中国の間で締結された日清満洲善後条約によって、中国は満鉄線と競合する鉄道は建設できないことになっていた。秘密議定書第三条には、「南満洲鉄道の利益を保護するため、中国政府は同国が右鉄道を回収する以前に於いては、右鉄道の付近に於いて、又はこれと平行してその利益を損なうべき本線又は支線を建設せざることを約す」とある。

しかし、善後条約そのものを無効とする中国側との話し合いは、折り合うはずもなく、現場は混乱するばかりであった。

大豆の満鉄離れが加速する事変の前年、ついに満鉄は創立以来、初めての赤字を記録した。〈全社員昇給一ヵ年停止〉〈家族手当て、社宅手当て半減〉〈高級社員三千人馘首〉など大規模なリストラを計ったが、回復のメドは立たない。

満鉄の苦況は即日本人社会に及んだ。二十万人余の在満邦人の半数近くが直接間接、満鉄から糧《かて》をえていたのだから満鉄の屋台骨が揺らぐと、当然、彼らの生活も揺らぐ。満洲の政治・経済の中心地である奉天では、事変直前、排日運動の激化とも重なって、生活に行き詰まった日本人がつぎつぎと帰国、付属地九千戸のうち二千戸余が空き家となるところまで追い詰められた。

競合線は学良の代で、ほぼ完成した。満鉄本線を挟んで東と西に、彼らは自分の鉄道を得たのである。いうところの満鉄包囲網の完成である。

その結果、流れは大きく変わった。満鉄の主要な集荷駅である長春、開原駅のプラットホームから大豆の山が消えた。大連埠頭《ふとう》倉庫が空になった。ありえないことが現実となったのである。折りからの世界恐慌《きょうこう》の余燼《よじん》とも重なって、満鉄を核とする日本人社会は入植以来の深刻な危機に面したのである。

関東軍と石原莞爾

さて問題の関東軍だ。本来、日本が南満洲に獲得した権益の保護のために設立された関東軍が、満洲全域の防衛を意識するようになったのは、一九二七年の東方会議以降から。同会議は田中義一内閣の中国政策を具現化するために召集されたもので、「対支政策綱領」としてまとめられた。

全部で八項目あるうちの三つが満洲に関するもので、そのうちの一つが「万一動乱が満洲に波及し、治安乱れて同地方における我が特殊の地位権益に対する侵害起こる場合、その何《いず》れの方面より来るを問わず、之れを防護し、かつ内外人安住発展の地として保持せらるる様、機を逸せず適当の措置に出づる」。

この文面を素直に解釈すれば、満洲の治安が乱れ、わが国の権益が脅かされるような事態に至った場合、「何れの方面より来るを問わず」、かつ「内外人安住発展の地として保持」するために「適当な措置」を取ることになる。

相手が蔣介石であれソ連であれ、もとより張作霖であれ、権益が侵された場合の「適当な措置」の「適当」には武力行使も含まれると解釈するのが普通で、しかも「内外人」とは「日本人以外」という意味で、付属地の外であってもということになる。つまり満洲のどの地域であろうが動乱が発生したら、ただちに「適当な措置」が取れることになったのである。

中国の主権はどこへやらである。たとえていえばマンションの一室を借りていた者が、突然、マンションと全住民を保護下に置くといい出したようなもので、住民の意思は眼中にない。

なぜ、そこまで強い態度に出る必要があったのか。反日活動が日毎に激しさを増す現況では、既得権益を守るのが難しいと判断したからである。別のいい方をすれば、日本はそこまで追い詰められていたということで、もとより河本大作や石原莞爾が取った行動は、政府の想定内の出来事で、少なくとも中央無視、独断だ独走と指弾されるには当たらないことになる。

もう一つはっきりさせておきたいのは、よく「政府、軍の中枢は関東軍に引きずられた」といわれるのは間違いだ。政府、軍の中枢は関東軍に引きずられたのではなく、国内の空気に引きずられたのである。確固たる中国政策を持たなかった政府、軍中枢は関東軍のせいにして、世論の批難をかわそうとしただけなのである。

だがこのツケは大きかった。国家機関がやるべきことをやらなかったことで、国家の機能が機能しなくなったのである。軍の一部と出先軍が勝手放題やっても、だれも止められなくなった。何も知らされていない国民は、「勝った勝った、また勝った」の大本営発表を半信半疑にせよ、信じるしかなく拍手を送り続けた。そして一九四五年八月十五日まで、拍手は鳴り止むことはなかったのである。

事変は一部に蹉跌《さてつ》はあったものの、大筋は事変の首謀者である石原莞爾（関東軍参謀）の思惑どおりに進行した。日本の三・五倍の広さの満洲を、わずか五ヵ月でわがものにしたのである。石原を日本が生んだ最高の軍師と称賛する人は少なくない。

ところで、石原は何が目的で事変を起こしたのか。結論を先にいえば、石原は国防を最優先に考えた。日本の権益を守るにはソ連の脅威を取りのぞかねばならず、それには満洲全域を完全に日本の勢力下に置くしかなく、障害でしかない張学良政府は粉砕するしかなかった。それで事変を起こしたのである。

当時、張政府は張作霖・学良父子二代にわたって、奉天を中心に東北三省（奉天省、吉林省、黒龍江省）を支配下においていたとはいえ、その権勢は吉林、黒龍江省に浸透せず、北満はソ連の強い影響下にあった。その中核をなすのが北満鉄道。満洲里からハルビンに至る西部線、ハルビンから綏芬河《すいふんが》に至る東部線、さらにハルビンから南の寛城子（現在は長春の一部）に延びる南部線。

これらの路線は満鉄本線ほどではないにせよ、沿線の穀物をウラジオストクから輸出して稼いでいた。それはそれとしてこの鉄道がロシアサイズであること、つまり、ソ連がその気になれば西と東から大量の軍隊を満洲の中心部に送り込むことが可能だったことである。日本の国防を考えれば、このことこそ脅威だった。

長春を制圧した関東軍が、すぐさまハルビンを目指したのはそのためで、交通の要衝であり政治、経済の中心地であるハルビンを押さえておきたかったのである。ハルビン進攻は軍中央部（陸軍省と参謀本部）の反対で中止のやむなきに至ったが、石原がハルビンを目指したのは軍略上は当然のことだった。

もとより、石原が国防以外のことを考えなくはなかった。満蒙は日本にとって食糧、工業物資の重要な供給地であり、各種企業は国内の失業者救済のためにも有益であるとの認識は十分にあった。

「満蒙の農産はわが国民の食糧問題を解決するに足る」「鞍山の鉄、撫順の石炭等は現下におけるわが重工業の基盤を確立するに足る」「満蒙における各種企業はわが国現在の有識失業者を救い不況を打開するを得べし。要するに満蒙の資源はわれをして東洋の選手たらしむるに足らざるも、刻下の急を救い大飛躍の素地を造るには十分なり」(『満蒙問題私見』一九三一年五月)

鉄道については、次の文言がある。「山本満鉄総裁と張作霖との協定により、張の内諾を得たる程度のものなるを以て、自衛権の発動して、列国の承認を得べき性質のものなり。従って外交的手段宜しきを得て、列国の干渉を排することを得べし」(『満蒙問題処理案』一九三一年春)

石原の思考は『国運転回の根本国策たる満蒙問題解決案』(一九二九年七月)から『関東軍満蒙領有計画』(一九二九年七月)、『満蒙問題私見』(一九三一年五月)を経て、最終的に『満蒙問題解決策案』(一九三一年九月二十二日)に収斂《しゅうれん》される。これが根幹となって満洲国が建国されたのである。この間、石原は満蒙領有から独立国案へと転じたが、基本的な姿勢は変わらない。それは『国運転回の根本国策たる満蒙問題解決案』に示された、次の四点である。

(1)「満蒙問題の積極的解決は単に日本の為めに必要なるのみにあらず、多数支那民衆のためにも最も喜ぶべきことなり。即ち正義の為め日本が進んで断行すべきものなり。歴史的関係等により観察するも満蒙は漢民族よりも寧ろ日本民族に属すべきものなり」

(2)「満蒙問題の解決は日本が同地方を領有することによって始めて完成達成せらる」

(3)「満蒙の合理的発展により日本の景気は自然に恢復し有識失業者また救済せらるべし」

(4)「調査の方針は徒《いたずら》に西洋流の学問に捉われることなく、我が武力により支那積弊《せきへい》の中枢を切開して四億の民衆に経済的新生命を与え、之れを相手として我が商工業を振興しなるべく速くに欧米列強に対して、我が工業の独立を完うすることを根本着眼とすることを要す」

もとより今日の考えとのギャップは補いがたいものがあるが、稚気にも等しい空論と切って捨てられるものではない。台湾、朝鮮を領有しても、いっこうに上向かない日本の現状を思うとき、満洲に活路を見出そうとしたのは、ひとり石原だけではなかった。しかし、日本には当時、石原と対極に位置する考え方もあった。それを代表するのが石橋湛山（一八八四〜一九七三年）だ。

関東軍が事変勃発直後の九月二十二日に「満蒙問題解決策案」を発表すると、石橋はこれを真っ向から否定する形で「満蒙問題解決の根本方針如何」と題した論文を九月二十六日、自らが主幹を務める「東洋経済新報」に発表した。

「満蒙における支那の主権を制限し、日本のいわゆる特殊権益を保持する方針を採る限り、いかに我が国から満蒙問題の解決を望むも、その目的はとうてい達し得ぬことは明白であるからだ。我が国としては、あるいは満蒙における我が特殊権益を確立し、再び支那にとやかくいわせぬ情勢を作り得れば、それにて問題は根本的解決を遂げたと満足するかも知れぬ。しかしそれでは支那の政府と国民は納得しないに極まっている。あるいは一時は力に屈して、渋々承諾する形を取っても、いつかはまた問題を起こして来ることは、かの大正四年の二十一ヵ条がその後いかなる結末を示したかを見ればわかる」

「かの国人が、彼らの領土と信じる満蒙に、日本の主権の拡大を嫌うのは理屈でなくて、感情である。（略）いかに善政を布かれても、日本国民は、日本国民以外の者の支配を受くるを快とせざるが如く、支那国民にもまた同様の感情を有するのを許さねばならない」

簡潔にして明快である。「理屈でなくて、感情である」とは、まこと至言というほかない。人間は理屈で動いているようで、実は感情に支配される部分が多い。「嫌米」「嫌中」「嫌韓」の多くは感情からきている。

石橋は事変を全面否定。二十一ヵ条の際も、石橋は「青島は断じて領有すべからず」と日本の態度を非難。一九二一年のワシントン会議の際は「軍備全廃論」を唱え、当時としては比類のない自由主義の論客として、国家権力を批判した。

石橋の思想の根本にあるのは、「人が国家を形づくり国民として団結するのは、人類として、個人として、人間として生きるためである。決して国民として生きるためでも何でもない」。しかし、当時の風潮は「国民あっての国家」ではなく「国家あっての国民」であった。帝国主義が容認できない石橋の考えが世に受け入れられるはずもなかった。

ちなみに石橋は鳩山一郎引退の後を受けて、一九五六年、戦後七代目の首相（自由民主党）に就任した。スローガンは向米一辺倒の政治路線からの離脱だった。しかし病に罹《かか》り、医師から二ヵ月の休養を告げられると、それでは首相としての任務が果たせないとして、あっさり辞任。アッパレである。石橋政権が続いていたら、日本はどう変わっていたか。

関東軍を支えた満鉄

話を事変当時の満鉄に戻すと、設立から四半世紀が経った、このころの満鉄は露骨な政党の介入によって創業期の活力を失いつつあった。政党介入の弊害はいびつな人事に現われた。総裁、理事らは政党のヒモ付きで日本から天下ってくるのが常で、彼らは現状に対する認識が薄く、自らの任期を全《まっと》うすることにしか関心がなかった。事実、彼らが策動したところで、どうにもならないところまで事態は悪化してはいたが。

だが、満鉄でも現場の人間は違った。天下り族には帰る場所があるが、現場の者たちは満洲に骨を埋めるつもりだ。満州での生活に一家の将来がかかっているのである。事変は突発的に起きたようだが、在満邦人の多くは、近々、関東軍が事を起こすのを期待半ばに予感していた。事変前夜の奉天では、連日のように市民による決起集会が開かれ、来賓として雛壇《ひなだん》に並んだ関東軍幹部は、市民の熱気に煽られたのである。

だが、満鉄上層部はそうした世間の騒《ざわ》めきにも耳を傾けようとはしなかった。内心はともかく、表面は無関心を装っていた。下手に手を突っ込んでヤケドするのを恐れた。保身である。

事を起こすに当たって、関東軍が必要としたのは満鉄の組織力、特定すれば列車、通信機能であった。組織を動かすのは結局のところ現場の人間なのだ。

満鉄首脳を見限った関東軍は、現場を味方に引き込む策に出た。満鉄と満洲の現状を直視しようとしない上層部の姿勢に、常々、強い不満を抱いていた現場と関東軍が意気投合するのに時間はかからなかった。さらに満鉄のあぶれ者（上層部から見て）が中核となった憂国集団・満洲青年連盟が関東軍と連携したことで、在満邦人の心は一気に盛り上がり、満洲はあげて関東軍のもとに一丸となった。「関東軍の刀は竹光か」との下からの声が、関東軍を後押ししたのである。

これらの工作は、関東軍高級参謀の板垣征四郎と石原がそれぞれの人脈を通じて行なった。このように現地満洲では、事変への下準備が着々と進行していたのである。ともあれ、事変によって満洲は一変した。満洲国が誕生したのは、世界史的にもエポックメーキングな出来事である。しかしくどいようだが、時代を動かしたのは関東軍だけではなかった。満鉄の協力がなければ関東軍は一兵たりとも動かすことはできなかった。満洲青年連盟の精力的な活動がなければ、満洲の世論は一体とはならなかった。

日本政府と陸軍中央から〈独走〉と決め付けられて、一時、孤立無援の状態にあった関東軍を支えたのは満鉄であり、生きるために必死だった在満邦人たちの物心両面からの支援だった。事変前後、満鉄沿線に点在する付属地はホットプレートのような熱さであった。日本人だけでなく、満洲族、漢族、朝鮮族、本国を追われたロシア人（白系）までもが満洲の何かが変わることを期待したのである。

また事変成功の要因の一つとして、現地民が張政権の復活を望まなかったことが、なぜか見逃されている。奉天軍の将兵が戦わずして戦場を離れたのは、学良の「不抵抗命令」があったからだけではない。命を賭して日本軍と戦う動機がなかった、言葉をかえていえば張学良への忠誠心が、さらにいえば必然性がなかったからである。

事変後、奉天を始め各地の騒乱が予想外に早く鎮まったのは、中国人特有の「諦《あきら》めのよさ」もあるが新秩序への期待もあった。この点、中国人は驚くほど現実的だ。誤解を恐れずにいえば、自分たちの生活がよくなれば、頭はだれでも（日本人でも）よかったのである。裏を返せば、張父子二代にわたる悪政が事変を呼び、事変を成功に導いたともいえるのである。張政権の悪政について述べるいとまはないが、膨張する一方の軍事費の押しつけに、庶民は塗炭の苦しみを味わっていた。

ほどなく事変から八十年。これまで世に出た事変関連本は関東軍を中心に書かれたものがほとんどで、関東軍に片寄りがちな事変史に一石を投じるつもりで筆を起こしたが、どこまで理解が得られるだろうか。

第一章——確執

富国強兵

唐突ではあるが、そもそもの始まりは浦賀沖であった。ペリーの来航である。一八五三年のペリー初来航から、満洲事変の起きた一九三一年までの七十八年間の国家としての節目を振り返ると、そこにある共通項を見ることができる。

一八五四年　開国（神奈川条約）※
一八六八年　明治政府誕生※
一八七三年　徴兵制公布
一八八二年　軍人勅諭下賜
一八八九年　大日本帝国憲法発布※

一八九四年　日清戦争
一九〇〇年　北清事変
一九〇二年　日英同盟
一九〇四年　日露戦争
一九一〇年　韓国併合
一九一一年　特別高等警察（特高）創設
一九一四年　山東出兵（第一次世界大戦）
一九一五年　対中国二十一ヵ条要求
一九一八年　シベリア出兵
一九一九年　関東軍司令部設立
一九二五年　治安維持法制定
一九二八年　張作霖爆殺事件

そして一九三一年、満洲事変である。

指摘するまでもなく、すべて「富国強兵」という縦糸でつながっている。開国に踏み切った日本は「富国強兵」を国是として、悲壮な決意で世界という荒海に漕ぎ出したのである。

「富国」とは文字通り国を富まし、殖産興業による高度な資本主義国家の創造であり、「強兵」とは軍事力を増強し、他国からの武力による脅威に立ち向かえるだけの強い軍隊の保持を目指すことにほかならない。近代化という面で一歩も二歩も遅れてスタートした日本が「富国」「強兵」を目指すのは当然のことだが、「富国」と「強兵」とが一対の「富国強兵」となったこと、すなわち「富国」の目標が「強兵」であったことに、日本の特異性がある。

「富国強兵」は軍国主義にほかならない。軍事力ないし軍略的価値を過度に重視する思想および体制を軍国主義とするならば、まさしく日本は軍国主義国家を目指したことになる。先にあげた十四の項目（※は除く）は、それぞれがまさに軍国主義への一里塚であったといえる。ちなみに農業生産は一八八一年の六億一〇〇〇万円から、一八九八年には一〇億九六〇〇万円に、工業生産は同じ時期に三億六一〇〇万円から一〇億八九〇〇万円に増加、「富国」の目標は、ある程度は達成せられたのだが、それを上回るペースで軍事費が増えた。一八八〇年には総額一二〇〇万円だったのが、一八九五年（日清戦争）には一億一七〇〇万円、一九〇五年（日露戦争）には七億三一〇〇万円、一九四一年（大東亜戦争）には一二〇億五一五万円に増加。平均すれば国家財政における軍事費の割合は五三・五パーセントに達したのである（『数字でみる日本の一〇〇年』日本国勢図会による)。

話をペリーに戻すと、日本を訪れたときのペリーは東インド艦隊の司令官で、五十八歳のペリーは軍人としても外交官としても十分なキャリアを積んでいた。東インド艦隊は今日の第七艦隊の前身である。

「もし要求が通らなかったら、いつでも戦闘を始める用意がある。戦争になれば、わが方には、常に近海に五十隻の艦隊がある。カリフォルニアにはさらに五十隻いるから、二十日以内に百隻の船が東京湾に集結する」

ペリーはそういって幕府役人を威嚇《いかく》した。もとよりブラフである。当時、東インド艦隊には軍艦はせいぜい七、八隻しかなかった。しかし、アヘン戦争(一八四〇年~四二年)が招いた中国の惨状を見聞きしている日本を脅すにはこれで十分だった。ペリーはそういう計算のできる人物だった。ペリーは一発の砲弾も放たずに日本を開国させたのである。見事な外交手腕といえる。

かといって、日本が開国に応じたのはペリーの恫喝《どうかつ》に腰が砕けたからだけではない。開国の気運を倒幕運動に結びつけた西国雄藩にかぎらず、幕府周辺にも鎖国を続けてゆく無意味さと危険性から開国やむなしとする空気があったのも事実で、いうならば時代の趨勢《すうせい》だったのである。

初代駐日米総領事ハリスと幕府との間に通商条約交渉が始まった一八五七年前後に、越前藩主の松平慶永（春獄）が、時の首席老中堀田正睦に意見書を提出した。以下はその一部である。

一、現在の形成、鎖国いたすべからざる義は、具眼の者、瞭然と存じ候。
一、強兵のもとは富国あるべくござ候えば、今後、商政をはじめ、貿易の学を開き、有無相通じ、皇国自有の地利より、天下第一の富饒《ふじょう》を致したきことにござ候。
一、居ながら外国の来攻をまちおり候よりは、我より無数の軍艦を製し、近傍の小邦を兼併し、交易の道繁盛にあいなり候わば、かえって欧羅巴《ヨーロッパ》諸国を超越する功業もあい立ち、帝国の尊号ついに久遠《くおん》に輝き、虎狼の徒自ら異心消沮いたすべく、これただひたすら懇願の次第にござ候。

「強兵」「富国」とある。「富国強兵」の字句は秦の始皇帝時代にすでに見られるように、新しい思想ではないが、この時代の日本では開国と結びついて国家根幹の思潮となった。

しかし、それにしても見上げた先見性である。慶永に進言した同藩士・橋本左内は開国貿易、殖産興業、軍備強化を唱える改革派の先端を走る人物であった。

「物事を見抜く見識のある者は、開国を当然のこととしている」

「敵から攻められないだけの強い兵を持つ、そのために国が富裕である必要がある」
「わが国の地の利を活かして通商、交易を盛んにすべきである」
「敵から攻められたときの備えのためだけでなく、軍艦を建造して、こちらから近隣の小国（邦）を併合する。そうすれば西洋列強に優越する国家になれ、帝国の尊号は久遠に輝く」

松平の氏が示すように越前福井藩の祖は家康に直結する譜代大名でありながら、慶永はこの時期、大政奉還、王政復古を提唱。堀田は老中の職にあって尊王攘夷を旗印とする水戸派の前に立ちふさがった開国派で、開国の詔勅を得ようと画策したことから、保守派の大老井伊直弼と対立、辞職に追い込まれる。幕末、幕府側にあって王政復古、開国を唱えた春嶽、堀田、橋本はいわば異端者であろうが、こうした背景が開国を促したのである。

再び唐突ではあるが、石原莞爾は「われは戦犯である」と申し立てたが、極東国際軍事裁判（東京裁判）は受け入れなかった。満洲事変の首謀者である石原は大いに不満だった。膀胱を患っていて出廷できない石原は、病室で事変の証人として米国検事の尋問を受けることになった。

石原が検事に「日本の罪を問うのに、いったいどこまでさかのぼるのか」と質《ただ》したところ、検事は「日清、日露戦争までさかのぼりたい」と答えた。「なぜか」「満洲事変の根源は日本の大陸侵攻の日清、日露戦争にあるからだ」「わかった。そんなに歴史的にさかのぼるならペルリを呼べ」といって検事を驚かせた。

「われわれは徳川幕府の昔から鎖国主義で満洲も台湾も不要であったのに、貴国からペルリが黒船に乗ってやってきて大砲でおどかして門戸開放を迫り、日本を世界の荒波の中に押し出し、自ら侵略のお手本を示した。こうなってくると日本としてもなんとか生きる方法を考えなければならないから、貴国を大先輩として、日本も泥棒の侵略を習い覚えたのだ。その元凶はペルリだ。ペルリをあの世から呼んで戦犯にしてはどうか」

皮肉でも嫌味でもなく、石原は本心そう思っていたのである。蛇足ながら、石原は第一級の戦犯として米大統領トルーマンをあげた。二度の原爆投下と東京大空襲を初め、全国主要都市への無差別爆撃を認めたのはトルーマンだ。米国の空襲による死者は五十万人を超えたのである。

「圧迫される国」から「圧迫する国」へ

さて、満洲事変までの道程である。先にあげた項目ごとに立ち止まっていたら、事変にたどり着くまでに紙幅が尽きるので先を急ぐが、「近傍の小国」とは、どう見ても朝鮮（当時の国名）である。明治政府は一八六八年十二月、対馬藩を通じて「明治維新の政体変革通告」と「両国の修交・通商を要請」する国書を朝鮮に送った。だが、書状に用いられた「皇」「勅」の字が尊大だとして、書状を受け取った朝鮮の一地方役人（東莱府使）が独断で握り潰したことから事は大きくなった。

当時の朝鮮は清国（中国）を宗主国と仰ぐ関係から、「皇」とは清国の皇帝のほかになく、「勅」は皇帝の詔勅のことであり、東海の島国の日本がこのような字を用いるのは尊大にすぎ、清国並びに朝鮮にたいする侮辱と受け取ったのである。

それまで対馬藩を通じて、辛くもつながっていた日本と朝鮮との関係が、この最初のボタンの掛け違いが修正できないまま、日清戦争を引き起こすにいたった。宗主国として朝鮮半島における影響力を残したい清国と、欧米列強にならって国外への飛躍を目指したい日本との利害が真っ向から衝突したのである。

太平洋戦争でさえ忘れられかけている今日、百年以上も前の日清戦争に触れるのは、どれほどの関心が得られるかはともかくとして、この戦《いくさ》をもって日本は、後年、指弾される軍国主義の道を歩み始めるのである。

日清戦争の研究で知られる藤村道生は、「日清戦争は日本を〈圧迫される国〉から

〈圧迫する国〉へと転換させた点で、日本近代史上画期的な戦争であり、第二次世界大戦（太平洋戦争）に匹敵する意義をもっている」と著書『日清戦争』（岩波新書）に記した。

にもかかわらず、日露戦争と比較しても、国民の関心を引かないのを藤村は、「最大の理由は戦争の原因がきわめて複雑なうえ、直接の開戦理由が、朝鮮の内政改革というきわめて説得力の薄いものだったことからきている」とした。

日清戦争を策動したのは、陸軍参謀次長川上操六と外務大臣陸奥宗光である。戦後ほどなく陸奥は病身をおして自伝『蹇蹇録《けんけんろく》』を著わした。そこには開戦から終戦、そして三国干渉に至る機密に属する実態が詳細に記されてあったことから、脱稿後、三十四年にわたって日の目を見なかった。国家権力は知られたくない部分を封印したのである。国民は日清戦争の実態を知りたくても、知る術《すべ》がなかったのである。

日清戦争で日本は清国に勝ったが、ロシアの朝鮮半島介入を許し、朝鮮の内乱に拍車をかけた。日韓が歴史解釈が揺らいでいる今日、この問題は日本、韓国いずれの側から持ち出されても、歴史認識問題は一段と深刻な亀裂を生む危険性がある。それほど危ういことなのである。いうならば「朝鮮の闇」の始まりなのである。

二つの誤算

勝海舟は「日清戦争は無名の師」であったと論じ、伊藤博文（当時首相）は「知らず知らず大洋に乗り出し」と嘆き、尾崎行雄は「雷同不和の結果」と断じた。当時、指導的立場にあった彼らは、このように日清戦争を肯定的にとらえていなかった。

日本は勝つには勝ったが、二つの大きな誤算を招いた。清国より手強いロシアを半島に引き入れてしまったことと三国干渉である。

清国が宗主国の地位からおりたこと、すなわち朝鮮の独立を承認したことで、日本は半島における優越権を獲得した。しかし、日本がロシア、ドイツ、フランス三国の圧力に屈して、獲得したばかりの遼東半島を中国に返還すると、日本をみくびった李王朝の閔妃《びんぴ》一派がロシアと組んで日本を追い出しにかかった。

地図を見ればわかるが、一度は日本が割譲を受けた遼東半島は、日露戦争の結果、日本が中国から租借した遼東半島（関東州）と異なり、満洲の南の出口をほぼ塞ぐ広さである。ここを日本に占有されたら、満洲を南下して不凍港を得ようとしていたロシアの極東政策は根底から覆《くつがえ》る。絶対に容認できないロシアはドイツ、フランスを誘って日本に圧力をかけ、これを放棄させた。いわゆる三国干渉である。

しかし三国干渉による最大の被害国は、日本ではなく、いったん手放した領土を取り戻せた中国だったのは皮肉である。これが引き金となって、列強による苛酷なまでの中国侵食が始まったからである。

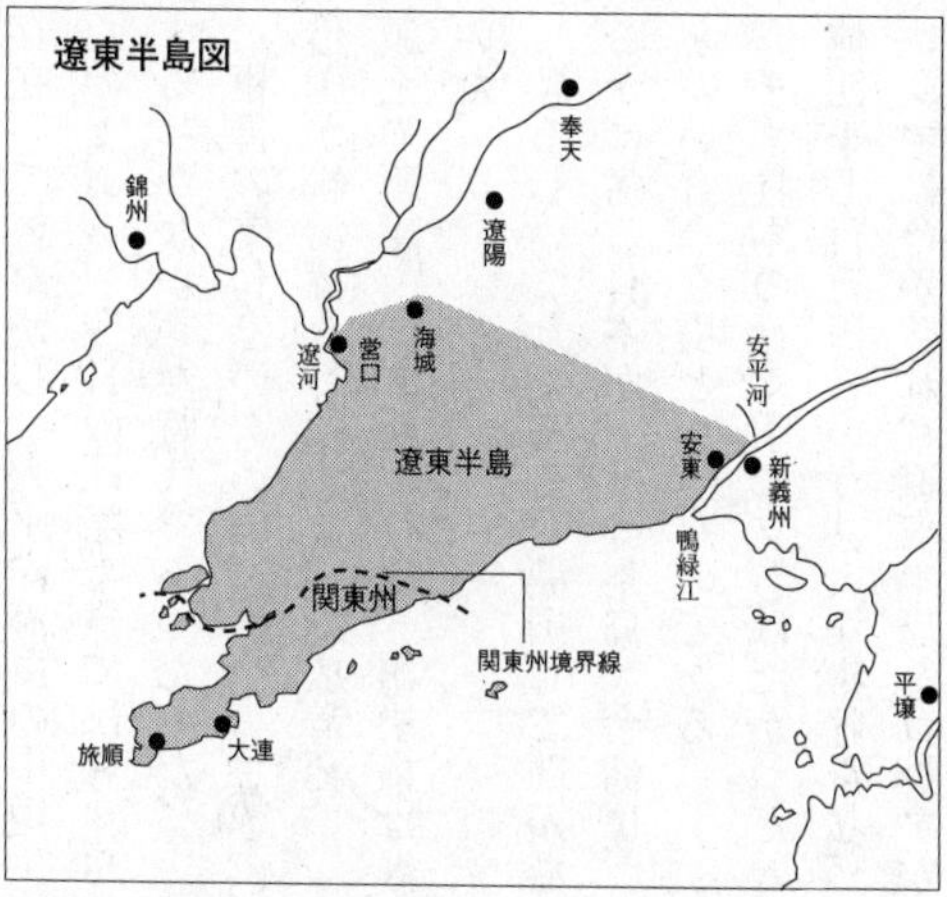

皮切りはドイツ。三国干渉の翌々年の一八九八年に膠州《こうしゅう》湾租借と山東省における鉄道敷設権を獲得すると、ドイツに対抗してロシアが遼東半島の租借権と満洲における鉄道敷設権と港湾利用権を獲得。遅れてならじとフランスは広州湾租借権を獲得。こうなるとイギリスも黙ってはいない。威海衛を獲得してドイツ、ロシアに、九竜半島を獲得してフランスの広州湾に睨みをきかせた。

かくして大連（遼東省）、青島（山東省）、広州（広東省）、それ以前の南京条約（一八四二年）で、すでに上海、香港に租界が存在していたから、太平洋沿岸の中国主要都市のことごとくが西洋列強に押さえられたのである。今日の国際常識では考えられない無法である。大国の横暴に弱者は平伏するしかなかった時代であったのだ。

租借の字句そのものの意味は、「ある国が他国の一部を借りること、原則として租借国が統治権を行使する」（『広辞苑』）ことであるが、当時の列強の解釈は、「租借は領土の割譲」であり、行政、司法権はもとより軍事基地の設置も当然のこととされていた。

恐ろしいことである。開国して間がなく、列強と比較して、軍事、外交、経済ではるかに劣る日本が、朝鮮半島、台湾に、わずかばかりの権益を所有したことで、彼らと競い合う立場となったのである。

まず日本の行く手に立ちはだかったのはロシアだった。戦死者一万三千人、戦費二億四千七百万円という甚大な犠牲を払って獲得した朝鮮半島における優越権は、常にロシアに脅かされ、遼東半島をロシアが獲得するに及んで、日本は大陸への道まで塞がれた。日清戦争以前にも増して閉塞感におおわれた日本は、ロシアと戦うことを現実のものとしてとらえはじめていたのである。

しかしよく決断したと思う。負けたら朝鮮を失うだけでなく、日本は再び四島に閉じ込められ、経済的、人的に受けるダメージはもとより、民族としての喪失感は計りしれないものがある。対馬か北海道の一部がロシアに奪われることは現実にありえたことで、もしそうなっていたら、近代日本の成り立ちは、今日とは変わっていたであろう。

この時代のリーダーは政治家であれ軍人であれ、まさしく国家の命運を担っていた。国民もまた国家のために死ぬことを厭《いと》わなかった時代であった。「知らず知らず大洋に乗り出していた」という伊藤の述懐が、当時の指導者たちの偽りのない本音であった。昭和の指導者に伊藤の何分の一かの危機感があれば、あの無謀な戦争は避けられた。

ツキもあった日本

結果として日本は第一の荒波を乗り切った。中国の二の舞にならずにすんだのは、日本が頑張ったこともあるが、いくつかの幸運にも恵まれた。

第一の幸運は列強の目が中国に集中したこと。国土の広さ、人口の多さからいって、中国は外にかわるものがない市場であった。列強のアジア進出は産業技術が進み、生産過多に陥った自国商品の市場を求めたもので、持ち込んだ商品を売り捌《さば》き、帰る船で資源を持ち去って往復で利益をあげた。すでにアフリカ、アジア各地で満ち足りるほどの植民地を持つ列強は、領土については飽食状態にあった。自国の遠くに領土を持ち維持することの難しさを経験していたから、リスクの少ないビジネスによる実利を求めたのである。

だが技術開発で遅れをとり、ビジネス競争では勝ち目のないロシア、ドイツは領土に固執した。そしてテリトリーレース、領土争奪戦の最後尾につけたのが日本であった。

イギリスとロシアの対立も日本に幸いした。十九世紀初頭から始まったイギリスとロシアの世界規模による覇権争いは、常にイギリスが優位を占めながら、争いの舞台は西部アジアから東部アジアへと移ったが、イギリスのシーレーンは、すでに延び切った状態にあって、単独でロシアと対抗できない状況にあった。

イギリスは日本に加担することによってロシアの南下を防ぎ、中国における権益を守ることにした。それは単独でロシアと対抗しえない日本にとっても願ったりのことで、かくして日英同盟（一九〇二年）が成立した。

アジアでイギリスと日本が結んだことは、ヨーロッパにおけるロシア、ドイツ、フランスの関係にも影響した。ヨーロッパの敵対勢力（ときにドイツであったりフランス、イギリス）から目が離せなくなったロシアは、西に陸軍の主力を置いた状態で日本と戦わざるを得なかった。ロシアがポーツマスの和平交渉の席で負けを認めなかったのはそのためである。つまり主力部隊を西部戦線から満洲に移し延長戦をやれば勝てたというのである。

新興大国のアメリカは大陸の東部から西部へ領土を広げ、さらに太平洋へと勢いを拡張しつつあった。一八六七年にアラスカとアリューシャン列島、一八九七年にハワイ、一八九八年にはスペイン戦争の勝利で、フィリピン諸島、グアムなどを獲得したが、太平洋を跨《また》いで覇権争いに割り込むまでの海軍力がなかった。

しかし、アメリカが日本に寛大であったわけではなかった。日本がアジアで突出するのをアメリカは好まなかった。アメリカが主張する「機会均等」「門戸開放」は一見、公平無私をうたっているようだが、本音は「独り占めするな、オレにも取り分をよこせ」であった。およそ半世紀後、日米は太平洋を舞台に戦うことになるが、源泉の一滴は、このときすでに太平洋に注がれていたのである。

満洲の主権はロシアにあった

日露戦争は日清戦争が終わった十年後のことである。この間、日本は軍制の確立と軍備の拡大強化に努めた。日清戦争で手にした三億円の賠償金と遼東半島返還で得た四千五百万円のすべてを軍事費に投じた。国家の総歳出が一億円に満たなかった時代である。新聞論調はもとより、国民の多くは政府の方針を支持した。「ロシア憎し」「臥薪嘗胆《がしんしょうたん》」の一念からである。

日露戦争は朝鮮と満洲の覇権を巡る日本とロシアの戦いであった。陸戦の舞台は満洲、海戦は黄海と日本海。辛勝にせよ大方の予想を裏切って日本が勝った。世界第一の陸軍力、世界第二の海軍力を持つロシアが、極東の小国日本に負けるとは、まったくの予想外であった。

ともあれ近代になって、初めて黄色人種国家が白色人種国家に勝ったのである。白色人種は驚き、嘆き、有色人種は驚き、快哉を叫んだ。白人の侵略に為すがままになってきた地球各地の有色人種の間に、やればやれるという気運とナショナリズムが芽生えてきたことは、近代史の歯車を一つ回転させたほどの意義があった。

だが、ここで注目したいのは十九世紀末から二十世紀初頭にかけて、つまりロシアと日本の利害が極東の地で正面からぶつかるようになった時代の満洲がどのような状況にあったかである。日露戦争を理解する上で不可欠なだけでなく、満洲事変を招来させた間接、直接の原因は、すべてこの時期に発生しているからである。

まず満洲の主権が中国にあったか、それともロシアにあったか。日露戦争における日本の大義は、明治天皇のロシアに対する宣戦布告の詔勅に、「もし満洲にしてロシアの領有に帰せんか、韓国の保全は支持するに由なく、極東の平和またもとより望むべからず」とあるように、「極東の平和」、すなわち「朝鮮に所有する既得権の確保」にあった。それをロシアが脅かすから戦うのである。

ロシアの満洲への侵食は古く、一八五八年の愛琿《あいぐん》条約、一八六〇年の北京条約によって、黒龍江北岸地方と沿海州を奪取したことに始まる。中国は広大な国土を削り取られたのである。

ロシアの止むところを知らない領土的野心に危機感を抱いた中国は、清朝発祥の地である満洲に漢民族が移住するのを禁じた封禁政策を廃止し、漢民族の満洲への入植を奨励、人垣によってロシアの南下を食い止めようとしたが、それでも日露開戦時、日本本土の三倍もある満洲の人口はわずか七百五十万人にすぎなかった。ロシアは無人の野を駆け下ったのである。ご承知だろうが、清朝の祖先は満洲に生息した南方ツングース系の女真族で、通常、満洲族と呼ばれる。

三国干渉が成立した直後の一八九六年五月、ロシア皇帝ニコライ二世の戴冠式に参列するためにモスクワを訪れた李鴻章とロシアの間に露清同盟（密約）が締結された。

その中身は衝撃的であった。清国はロシアに満洲を基地として提供し、両国が結束して日本の大陸進出を阻止すると決めてあったのである。

第一条　東亜におけるロシア領土、清国、もしくは朝鮮の領土に対するを問わず、日本が企てる一切の攻撃は、本条約の即時適用を招来するものとす。この場合、両国が使用し得る一切の陸海軍を以て相互に支援し、かつ兵站《へいたん》供給のために、なるべく多くの援助をなすことを約す。

第二条　両国が共同動作をとる場合、締約国の同意がなければ、敵国と平和条約を単独に締結することはできない。

第三条　軍事行動中、清国のすべての港はロシアの軍艦に開放され、必要に応じて清国官憲から一切の援助を受ける。

第四条　清国政府はロシア陸軍が脅威地域への移動を容易ならしめるため、かつその給養手段を確保するために黒龍江省、吉林省を横断してウラジオストク方面への鉄道建設に同意する。この鉄道のロシア鉄道との連結は清国領土の侵略、または清国皇帝の主権を侵害するものにあらず。この鉄道の建設および経営は露清銀行にこれを許与し、かつこれがために締結される条款は、ロシア国駐在清国公使および露清銀行間において正式に協議される。

第五条　戦時においては、第一条所定のとおりロシアはその軍隊の輸送および給養のために第四条所定の鉄道を自由に使用できる。平時においても、軍隊および軍需品の通過輸送のために同一の権利を有する。

第六条　本条約は第四条所定の契約を清国皇帝陛下が確認した日より実施される。実施日より十五年間有効とし、期間終了六ヵ月前に両国は本条約更改に関して商議する。

第四条所定の条款は同年九月、「東清鉄道敷設および経営に関する契約」として調印、現実となった。鉄道は一八九八年五月、ハルビンから工事が始まり、一九〇三年七月に全線が営業を開始。全線とは満洲里・ハルビン・綏芬河の東清鉄道西部、東部線（後の北満鉄道）とハルビン・旅順の南部線（後の満鉄本線）である。

満洲における実質的な主権者がロシアであったのは明白である。鉄道の敷設《ふせつ》と軍隊の移動の自由を許し、港湾を開放し、かつそのために便宜を与えるのは互恵条約ではありえないことである。

先にあげた明治天皇の日露開戦の詔勅の前段には、「しかるにロシアは清国との明約及び列強にたいする累次の宣言に拘《かかわ》らず、依然満洲を占拠し、益々その地歩を鞏固にして、ついにこれを併呑せんとす」とある。

このままでは満洲はロシアに併合されるという危機感が日本を戦争に駆り立てた。さすがに清朝内部からも、条約締結には強い反対があったが、最後は金で黙らされた。重臣たちが次々に賄賂を握らされたのである。一番、潤《うるお》ったのは張本人の李鴻章であった。一説によれば、露清銀行には李鴻章名義の秘密口座があって、李鴻章は必要なだけ引き出せ、足りなくなるとロシア政府が補塡《ほてん》したという。

ロシアと清国との密約は、ほどなく世に知れるところとなった。同年十月には条約の一部が中国の複数の新聞紙上に掲載され、明記されてはいなかったが対象国が日本であるのは明らかであった。日本でも一部の者は知っていたが、影響の深刻さから国民には伏せられた。何も知らない国民は三国干渉の屈辱を秘めて、ひたすら臥薪嘗胆を誓ったのである。

このころクレムリンでの御前会議のもっぱらの議題は「満洲の次は朝鮮」であった。山県有朋は「日本の利益線は朝鮮にあり」とした。日本四島に防衛線を敷いたのでは国土は守れないというのである。日本にとって朝鮮は本土防衛の前線基地であり、交易によって利益をもたらせる市場でなければならなかったのである。

その意味では日清戦争は自衛の戦争であった。かってな理屈だが、戦争を仕掛ける側の理屈は、いつの時代もこんなものである。

ロシアと清国とが裏で手を結んだことで、日本は瀬戸際まで追い込まれた。ここで踏ん張らなければ玄海灘に押し落とされるのである。

かくして日露戦争である。日露戦争の結果、日本は南満洲に望外な権益を得た。ロシアが所有していた権益を日本が肩代わりしたものだが、もとより中国が望んだものではない。満洲事変の原因が日本の権益を巡る中国との軋轢《あつれき》だとすれば、だからこそそこに至るプロセスを知ることが事変を理解するのに不可欠なのである。

縷々《るる》のべてきたが、日清戦争が富国強兵の第一ステップとすれば、第二ステップが日露戦争で、その結果、取得した南満洲の諸権益によって日本は新たな段階に入った。すなわち満洲事変、満洲建国の時期である。振り返ってみれば、この時期が維新以降日本が最も輝いた時代であった。このころの世界地図は台湾と朝鮮は日本と同じ赤で塗ってある。日本の領土なのである。満洲は遠慮したのかピンク。主権は日本にあると主張しているのである。

ここで日本は一度、立ち止まるべきであった。ところがふんぞり返ってしまった。膺懲《ようちょう》という、今では辞書をひかなければ意味がわからない言葉が日常飛びかうようになった。膺懲とは「征伐して懲らしめること」「逆らうヤツはヤッつけろ」というのである。かくして日中戦争（一九三七年）が始まった。地の果てまで続く中国の国土がわがものと思えるようになった感覚は、もはや正常とはいえない。世界の五大国に数えられるようになった日本が、自国の立場（富国強兵）だけを考えておればよかった時代は終わっていたのである。

開き直ったロシア

北清事変が起きたのは一九〇〇年、その四年後に日露戦争が始まった。狂信的集団・義和団の暴走から始まった騒乱は、「扶清滅洋」（清国を助け、西洋を滅ぼす）をスローガンとする民族主義闘争へと拡大、清朝政府がこれを支援し、イギリスなど八ヵ国に宣戦布告したことで抜き差しならない状況に陥った。イギリス、フランス、ドイツ、アメリカ、ロシアらは、居留自国民保護の名目で天津、北京へ兵を送った。当初、傍観していた日本はイギリスに促され、途中から連合軍側に加わり、最大二万余の軍隊を送って事変鎮圧の主力となった。

事変鎮圧後、各国は軍隊を退いたが、ロシアは鉄道保護を名目に満洲に兵を留めたばかりではなく、さらに増兵を続け、同年十月には満洲全域を占領下におき、実質的な軍政を施した。

これにたいして清国を始め各国がロシアに撤兵を強く促した結果、六ヵ月おきに三段階に分けて撤兵することを約したが、ロシアはこれを履行しなかったばかりか、舞台裏で清国に「満洲を他国に譲与、租貸しないこと」「ロシアに相談なく他国に市港を開城しないこと」「牛荘（営口）の関税収入は露清銀行に預けること」「ロシア人が取得した権利は撤兵後もその効果を持続すること」などを要求した。

その後、アメリカの介入などがあったが、ロシアはのらりくらりと矛先《ほこさき》をかわすばかりで、満洲のロシア化は進む一方であった。最大の当該国である日本はこうした状態を看過できず、一九〇三年七月に至ってロシアとの直接交渉に乗り出し、次の五項目について合意を求めた。

〈清、韓両国の独立及び領土保全を尊重することを相互に約すこと〉

〈清、韓両国における両国商工業のために機会均等の主義を維持することを相互に約すること〉

〈ロシアは韓国における日本の優越なる権利を承認し、日本は満洲における鉄道経営に付きロシアの特殊なる権利を承認し、併せて第一項の主旨に反せざるかぎり上記の利益を保護するために必要な処置を取り得ることを相互に約すること〉

〈韓国における改革及び善政のため、助言及び助力を与えるのは、日本政府の専権に

属することをロシアにおいて承認すること〉
〈今後、韓国鉄道を満洲南部に延長し、以て東清鉄道及び山海関、牛荘線に接続せしめんとすることあるも、これを妨げないことをロシアにおいて約すること〉

これでも日本は遠慮しているのである。にもかかわらずロシアは返答さえよこさなかった。戦う準備ができていないから時間を稼いでいたのである。やっと十月になって対案を示してきたが、むしろ日本の権利を制限する内容であった。十二月、ロシアから二回目の回答が届いた。これが最終回答となった。元勲伊藤博文は、この間ロシアとの交渉にあたってきた外相の小村寿太郎にいった。

「もはや戦うしかないか……」親露派の伊藤が開戦を決意したのである。

小村が動いた。イギリス、アメリカ、ドイツらに働き掛け、好意的中立を守る約束をとりつけた。さらに清国にたいしてはロシアの暴走を阻止できるのは、日本しかいないことを説得、ロシアに戦争協力をしないと約束させた。李鴻章が死んだ今、ロシアとのくびきは断ち切られていた。清国はロシアに恨みはあっても果たさねばならない義務はなかったのである。

一九〇四年二月六日、日本はロシア政府にたいして韓国、満洲において自由に行動することを告げ、十日、宣戦布告。日露戦争の開始である。そして勝った。

ポーツマス条約によって、それまでロシアが南満洲に所有していた権益が日本に譲渡されることになったが、手順として中国の承認を得なければならなかった。ポーツマスから帰国した小村は小憩の後、北京に赴いて袁世凱との交渉（日清満洲善後条約）に入った。

当初、清国はポーツマスの会議は埒外《らちがい》に置かれていたことに反発し、交渉は難航、一月余も空転した。小村は、「日本が戦わなければ満洲はロシアのものになっていた」「一兵一銭も費やさずに満洲を取り戻したことを恩義に思わないのか」と主張。最後は「干戈《かんか》（戦争）も辞さず」と威圧、承服させた。

満洲事変の火種はこのとき発生したのである。以来、このとき日本に与えた権益を取り戻したい中国と、さらなる拡大強化をはかる日本との確執が四半世紀にわたって続くのである。

第二章――悲願

時代を動かした三人の男

一九一〇年代、日本の年号は大正。

国内は第一次世界大戦（一九一四年〜一八年）による戦時景気とそれにともなって現出した〈大正ロマン〉によって高潮した時代を迎えるが、やがて戦時景気の反動ともいえる経済恐慌と関東大震災とが重なって、一転、暗澹とした時代となる。経済は慢性的不況に陥り、一九一八年に富山に端を発した〈米騒動〉が全国に飛び火、農村の〈娘売り〉が連日のように新聞を賑わした。

一方、日露戦争から十年ほどが経った満洲では満鉄が拡張期を迎えていた。一九一三年に中国との間に満蒙五鉄道の借款契約が成立、一九一五年に撫順炭鉱が露天掘りを開始、一九一八年には鞍山製鉄所が設置され、鉄道、炭鉱、製鉄の満鉄経営の三基盤が整ったのはこの時期である。満洲の海の玄関・大連の日本人人口は一九〇六年は五千人余だったのが、一九一七年には二万人を突破。

他方、多くの障害にも直面していた。その最たるものが対中国二十一ヵ条要求（一九一五年）である。第一次世界大戦に参戦し、ドイツが山東省に保有していた権益を奪還した見返りとして、新たに中国本土における権益を要求した上に、南満洲における既得権益の延長拡大を迫ったことに、中国国民各層が猛反発。結局、中国は日本の圧力に屈するのだが、受諾した五月九日を「国辱記念日」とし、その後の抗日運動の原点となった。

一九一二年、清朝が滅亡、中華民国誕生。一六年、大総統袁世凱《えんせいがい》が死去したことで、中国は軍閥割拠の時代に入った。満洲では日本と結びついた張作霖《ちょうさくりん》政府が本土からの独立を宣言。その結果として、日本は満洲問題に関しては、北京政府と張作霖政府との二重折衝を強いられることとなり、解決がいっそう困難となった。ことに鉄道問題は直接利害がからむ張作霖政府とそうでない北京政府とでは認識が異なることから交渉は、いたずらに時間がかかるばかりで、その苛立ちが二八年の皇姑屯、三一年の柳条湖の爆破となったのである。

この項では事変の原因となった鉄道問題を中心に追ってみる。鉄道問題が外交交渉で解決しておれば、事変にはならなかった。といってもう一度、あの時代をやり直したとしても、結果はどうなっていたか。それほど当時の日中外交は、それぞれが内部に複雑な要因を抱えていて、だれがやっても一筋縄ではいかなかった。

しかし鉄道が、なぜ国と国の争いにまで発展するのかは、鉄道が輸送手段の主力でなくなった、今日では考えにくいことだが、鉄道以外に陸上輸送の手段がなかったこの時代の鉄道は、侵略する側にとって万能の武器であり、される側にとっては最大の凶器ともなりえた。

ことに満洲では古来から遼河、松花江を中心に内陸を縦横に走る無数の河川が人、物の動きを担っていた。当時の河川は護岸施設がまったく施《ほどこ》されない天然の川で、洪水のたびに流れが変わり、橋は流失、昨日までの道路は水路となった。そんな満洲の発展には、鉄道は不可欠だったからこそ、国を賭けての攻防となったのである。

この時期、これらの問題に関わった人物として吉田茂、山本条太郎、河本大作をあげる。もちろん他にも多くの人間が関連しているが、時代を動かしたのはこの三人なのである。関わった時期の肩書きは吉田は奉天総領事、山本は満鉄総裁（第十代）、河本は関東軍高級参謀。

吉田は断わるまでもなく、戦後日本の指針を決定付けた元首相。山本は実業界にあって「三井（物産）の山条」と鬼才をうたわれ、政界に転じた後、政友党の幹事長から、時の総理・田中義一に請われて満鉄総裁に転身。停滞していた組織に活を入れ、「満鉄中興の祖」と讃《たた》えられた。

河本の名が一般に知られるようになったのは、一九四九年に公表された中国側の供述調書によってである。当時、河本の身柄は戦犯として中国の山西省で拘留されていた。張作霖爆殺事件は、満洲某重大事件としか報道されておらず、国民は首謀者が誰であるかはもとより、事件の概要も知らされていなかった。陸軍は河本の存在を秘し、河本もまた軍の意を汲んで口を閉ざしたことから、世間でいう「貸し借り」の関係が生じた。河本が隠然とした力を持つに至ったのは、それ以降のことである。板垣征四郎、石原莞爾を関東軍に送り込んだのは河本とされ、河本が板垣、石原を後継者とみなし、「事変の青写真はオレが描いた」と豪語する所以《ゆえん》でもある。

事変後、河本は満鉄理事、満洲炭鉱株式会社社長、山西産業社長（中国・山西省）などの要職を歴任。「張作霖を殺した男」の強面《こわもて》が通用した一面もあるが、フィクサーとしての役割を求められた河本は、十分にその期待に応えた。身辺の話をまとめてみると、それなりに魅力のある人物であったようだ。

ちなみに三人の満洲での在任期間は、
吉田　一九二五年十月〜二七年十二月。

河本　一九二六年三月〜二九年。

山本　一九二七年七月〜二九年八月。

それぞれ若干重なってはいるが、この間、三人が満洲で親しく行き来があった気配はない。当時の満洲は四頭政治といわれ、関東庁、満鉄、関東軍司令部、領事館が互いに縄張りを競っていた。関東庁が租借地の関東州を、満鉄が鉄道と鉄道付属地を、関東軍司令部は軍事全般を、領事館が外交、裁判、警察権をそれぞれ管轄していたが、それまでの経緯から権利構成は複雑に入り組んでいた。複数の省庁にまたがる問題が、互いの縄張り意識から解決が困難なのは、昔も今も同じである。したがって、それぞれの顔である三人が親しく交わるはずもなかった。

しかし、三人の相手はいつの場合も張作霖であった。作霖の肩書きは奉天督軍兼省長だが、周囲は「満洲王」、あるいは「元帥」と呼んでいた。吉田も山本も作霖相手に格闘し、河本は思案の挙げ句、殺してしまうのである。

張作霖の人物評価はさまざまだが、作霖の顧問として身近にいた日本人（主として軍人）で、彼のことを悪くいう者はいない。喜怒哀楽のはっきりしたお天気屋だが、情に厚い、ある意味で可愛気のある人物であったようだ。だがしたたかであったことは事実で、鉄道問題では日本を手玉にとり、次々に現われる国内政敵を退けて一時代を築いたのだから並みの人物ではない。

ちなみに生年は山本一八六七年、吉田一八七八年、河本一八八三年、張作霖一八七五年。関東都督府が関東庁と関東軍とに分離した一九一九年時の年齢は、山本は五十二歳、吉田は四十一歳、河本は三十六歳、張作霖は四十四歳。まさに円熟の年であった。

火中の天津から渦中の奉天へ

吉田から始めよう。天津総領事の吉田に、突如、帰国命令が出たのは一九二五年三月。吉田は天津時代、二度にわたる奉直戦争に直面。奉天派と直隷派の間にあって、難しい舵取りを強いられた。さらにその間に宣統帝（溥儀《ふぎ》）という厄介者が転がり込んできた。紫禁城を追われた溥儀が、日本の庇護を求めて天津の日本租界に逃れてきたのである。

帰国した吉田は、今度こそ待望のヨーロッパへの赴任がかなうものと期待していたが、幣原喜重郎外相から手渡された辞令は「奉天総領事を命ず」であった。「気の毒だが、キミ以外に適任者がいない」と肩を叩かれた吉田は十月十七日、東京を後に奉天に向かった。

当時の外交官は国際社会の檜舞台であるヨーロッパに憧れた。しかし吉田は、なぜか中国、とりわけ満洲と縁が深い。外交官になって最初の赴任地が奉天（領事館補）、ロンドン、ローマ勤務（書記官）を挟んで、再び満洲の安東（領事）。一度、本省に戻って、今度は中国本土の済南（領事）から天津（総領事）へ。

奉天は振り出しに戻ったことになるが、最初の奉天勤務はポーツマス条約が発効した直後のことで、現地の理解が徹底しないことから、関連各国の出張機関との折衝が難航しただけでなく、戦勝気分から慢《おご》った振る舞いに出る日本軍人が少なからずいたことも重なって、奉天の総領事館は多忙を極めた。

総領事（萩原守一）不在の間は駆け出しの身ながら、吉田は領事館補として事務代理を務め、奉天総督趙爾巽《ちょうじそん》将軍、関東州都督《ととく》大島義昌大将らとの難しい交渉をこなし、大いに外務省の面目を施しただけでなく、吉田自身の名もあげた。後年〈ワンマン宰相〉と称されたごとく、当時から交渉は高飛車であったという。

また、安東領事時代（一九一二〜一九一六）は朝鮮総督府書記官を兼務していたことから、在満朝鮮人に関わる諸事情にも精通していた。多くの朝鮮人が居住する満洲では、朝鮮人問題は常に社会不安の種であった。その面でも満洲は吉田を必要としていたのである。

当時から人を食ったところがあり、吉田の後見人でもあった寺内正毅大将が朝鮮総督から首相に就任する際、「オレの秘書官になれ」と誘われたのを、「首相ならやれるけど、秘書官はつとまらない」と断わったというエピソードがある。

奉天に赴くため神戸から船で大連に上陸した吉田は、大連駅からすぐに列車に乗らず、大連の満鉄本社、旅順の関東庁、関東軍司令部に立ち寄って、「今後、外交に関わる問題は総領事館において一元化するから、一切、口出し無用に願いたい」と釘をさした。鮮やかな先制攻撃であり宣戦布告であった。

満洲における外交の一本化は外務省の悲願であった。調整型の多い外交官の中で、吉田は珍しく攻めるタイプ。幣原が吉田を奉天に起用したのは吉田の攻撃力を買ったのである。

外交の窓口が複数あったら不都合なのはいうまでもない。たとえばこんな具合である。張作霖から関東庁にある問題が持ち込まれると、関東庁は条件付きで聞き入れる。次に同じ問題を満鉄に持ち込む。満鉄は立場上、関東庁と同じ回答にはならない。領事館はそもそも関東庁、満鉄が外交問題に口を挟むのがけしからんと思っているから、場合によってはそのまま突き返す。しかも領事館は横の連携がなく、例えば大連の領事館と遼陽の領事館とでは対応が異なるのである。

つまり、一つの問題に対して日本から複数の異なる答えが返ってくるのである。実はそれこそが作霖の思う壺で、関東庁からのクレームには「満鉄が認めたことだ」といい逃れ、満鉄が文句をつけると、「領事館の了解はとってある」と交わす。

張作霖の招待をただ一人断わった日本人

着任早々の吉田のもとに、作霖の軍事顧問をしていた町野武馬中佐が現われた。

「どうだね、元帥（作霖のこと）がキミと食事をしたいといっているのだが」

吉田は、「断わる。私は張家の召使ではない」とまことに素っ気ない。

当然、イエスというと思っていた町野は驚く。これまで作霖の誘いを断わった日本人は一人もいなかった。

後日、正式な招待状が届いた。今度は断わる理由はない。席上、作霖は、「貴官とは仲良くやれると思う。どうだ、これからも仲良くやろうじゃないか」と吉田に話し掛けると、吉田は、「貴官のいう意味がわからない。ただいまのところでも、こうして仲良くやっているじゃないか」と木で鼻をくったような態度。これにはさすがの作霖もムッとした表情で押し黙った。

しかし作霖は、吉田には最大級のもてなしをした。この時は羊の料理だけでも六十種類も出たというから格別だ。奉直戦争の当事者である作霖は、当然、吉田の手強さを知っている。

中国では主人が自分の箸で客の皿に料理を盛るのが、最高のもてなしとされているが、吉田は作霖の箸のついた皿についぞ手をつけたことがなかった。「不潔だ」というのである。確かに日本の作法でいえば汚い。盛るにしても取り箸である。

吉田の中華料理嫌いは、このときに始まったことではない。吉田の衛生観念にあわないこともあったが、中国風の宴会の雰囲気が好きになれなかったらしく、満洲では気にそまない宴会を断わる口実にしばしばもちいた。

吉田には作霖を見下していたようなところがある。かならずしも作霖が馬賊上がりだからというのではない。作霖が世に出るきっかけは趙爾巽奉天総督に引き立てられてからだが、吉田はかつてその趙総督と互角に渡り合った。見下していたのではなく格下に見ていたのである。日本人は例外なく、作霖のことを元帥と呼んだが、吉田は面と向かっては〈貴官〉、裏では〈馬賊〉で通した。

しかし敵もさるもので、吉田との交渉で肝心な箇所になると、作霖は「虫歯が痛む」といって奥に引っ込んだ。今度は吉田が苦虫を噛みつぶす番である。

戦後、単独講和か全面講和かで世論が分かれたとき、首相の吉田は全面講和を提唱する南原繁東大総長を、「曲学阿世の徒」と呼んで物議をかもした。一日も早い国際復帰が求められていた当時、首相として苦渋の末、単独講和を選択したことを理解せず、理想論に走る南原は、吉田から見れば「曲学阿世の徒」であった。

作霖が九死に一生を得た郭松齢《かくしょうれい》の反乱（一九二五年）が起きたのは、吉田が赴任して二ヵ月後のことだが、日本側にこの際、作霖を切り捨てるべきとの声のある中、吉田は作霖延命に動いた。

「今日、窮境にある張作霖を困厄の間に援助し、彼をしてその再起を容易ならしむるの断じて無益に非ず」

吉田が幣原外相宛てに打った電報の一部である。郭松齢より作霖の方が御し易いとの判断もあったが、この際、貸しを作っておけば損はないというのである。好き嫌いではなく、利害損得でものを計るというのが、いかにも吉田らしい。

吉田は超リアリストである。「幻想を廃し、現実を採る」がモットー。戦後、幣原内閣の外相を務めた吉田は、憲法問題になると「外務大臣の権限外」とかわし、後に首相になって改正問題が浮上したときも、「憲法改正は一内閣のやるべきテーマではない」とはぐらかした。日本が望む通りの改正をマッカーサーが応諾しないことがわかっていたからである。ムダなことはしないのである。当時のマッカーサーは、史上比類なき最強の植民地司令官で絶対的存在であった。

吉田は幣原の期待を担いながら、内政不干渉を表看板に満洲の現実を直視しようとしない幣原外交に、次第に反発するようになった。

当時、満洲での日本の動きに最も敏感に反応したのはアメリカである。満洲問題は、常にアメリカを視野に入れて考えなければならないのに、そんなことは思慮の片隅にもない外交音痴の陸軍を、吉田は痛烈に批判した。産業革命でヨーロッパ列強に遅れをとったアメリカにとって、中国、ことに満洲は地球上に残った最後の有望マーケットであった。

吉田は中国・満洲分割論者であった。政治、経済の形態、気候風土も人口構成も異なる満洲と中国本土を同一視するのはおかしいと考えた。そして作霖を耐久年数がくるまで満洲の統領に据えておいて、機を見て中国本土と満洲を分割すればよいと考えたのである。

吉田は徹底したリアリストであった。

東方会議と吉田

事変四年前の一九二七年六月、外相官邸において「満・支・韓出先官憲連絡会議」が催された。文字通り満洲、中国（支那）、朝鮮に派遣された官憲の連絡会議であったのが、いつしか東方会議の名で呼ばれ、日本のアジア政策、ことに対中国政策を方向付けるものとして内外から注目されるようになった。

政府から田中義一首相兼外相、森恪《もりかく》外務政務次官ら、陸軍から畑俊六次官、南次郎参謀次長ら、現地から芳沢謙吉中国公使、武藤信義関東軍司令官らが出席。もとより奉天総領事の吉田もである。

会議を主催したのは田中内閣だが、会議を仕切ったのは議長を務めた森。森は政務次官ながら、政党、軍部、民間に広い人脈を持ち、田中も一目置く存在であった。何しろ第一次山東出兵（一九二七年）を田中がためらうと、総裁を引退させると脅したほどの荒業師なのである。

東方会議は予期せぬ副産物をもたらした。世紀の怪文書とされる田中上奏文である。真っ赤なニセモノなのだが、内容が事変以後、日本がたどった侵略路線と酷似していたことから本物とみなされ、後日、国際社会から批判にさらされた。上奏とは天皇に意見、事情を申し上げることで、田中首相が東方会議の内容を直《じか》にしたためて、天皇に上奏した中身が部外に漏れるのは、機構上もありえないことで贋作《がんさく》なのは明らかである。

上奏文のことは、しばらくおくとして、この会議で吉田の占めた役割は、出先の外交官としては出過ぎたもので、ある時期、吉田黒幕説が流れたほどである。

第一回に続いて同年七月に開かれた二回目は、満洲の大連（実際は旅順）で行なわれたことから大連会議と呼ばれた。会議の後、外務省がまとめた「経過報告」によると、満蒙における未解決な諸懸案、経済の行き詰まりの原因として、次の指摘があった。

〈鉄道付属地、租借地以外に日本人の土地所有権が認められていない〉
〈商租が未解決〉
〈交通機関が未整備〉
〈過去にこれらの問題を解決するのに一定して政策が確立していなかった〉

実はこれは会議の直前、吉田が外務省の木村鋭市アジア局長に送った内容に近く、吉田がことに重視したのは四頭政治の弊害を突いた最後の項目であった。一貫した政策を持たないから問題が解決しないことを、吉田は改めて強調したのである。

第一、第二奉直戦争（一九二二～二四年）をしのぎ、かりにも北京の支配者となった作霖はこの時期、絶頂期にあった。しかし吉田の作霖を見る目は厳しかった。吉田は中国の鉄道・京奉線が満鉄付属地通過を禁止するという強行手段に出るように田中に直言。天狗の鼻をへし折るには、これぐらいの荒療治をしないとダメだというのである。

文字通り北京と奉天を結ぶ京奉線は、奉天郊外で満鉄線とクロスする。張作霖爆殺事件の際、河本の指示によって東宮鉄男大尉（当時）らが爆薬を仕掛けた、まさにその地点である。京奉線が遮断されることの政治的、経済的ダメージは大きく、作霖にとって命綱を断たれるに等しい。

先に吉田が掲げた問題の四点は、事変が直面した問題点でもあり、事変によって一挙に解決したが、実は前年の三月、若槻礼次郎内閣のとき、幣原外相が閣議に提案していたもので、中国に対していうべきこともいわない軟弱外交との批判のあった幣原だが、何が問題なのかという認識はあった。ちなみに、幣原は満洲における日本の権益を否定したことは一度もない。現状以上の拡大は中国への内政干渉となるとして諌《いさ》めたのである。

しかし大正から昭和にかけ、長きにわたって外相を務めた幣原が、一度も大陸の土を踏んでいないのは不思議としかいいようがない。周囲の不満はこの点にもあった。

「一度も満洲に行かないで、満洲のことがわかるか」である。

吉田と森、山本

東方会議の舞台裏で森が画策したのは、つとに知られているが、森が吉田の提言を、ほとんど無修正で外務省の「経過報告」として取り上げたことによって、一時、吉田黒幕説が浮上したことは先に書いた。

そこで森と吉田の関係だが、猪木正道の著書『評伝吉田茂』によれば、二人が出会ったのは吉田が済南領事の時代で、吉田が岳父《がくふ》牧野伸顕に宛てた手紙に、「平生は別に往来も致さず候えども、懇意に相成り」とあるという。出会った日時は不明だが、吉田が済南に赴任したのが一九一八年だから、十年近く懇意な間柄が続いていたことになる。

話はそれるが、吉田と山本条太郎との奇縁ともいうべき関係である。土佐自由党の志士・竹内綱の五男に生まれた竹内茂が、横浜の貿易商・吉田健三の養子になって吉田茂となったのだが、『評伝吉田茂』によれば、その以前に吉田健三の甥にあたる山本が吉田家の後継ぎになる話があったが、山本と健三の妻とが十三歳しか離れていないことから話がまとまらなかった。あまり知られていないが、吉田と山本は義理の従兄弟なのである。

ちなみに吉田の実父・竹内綱は政界から実業界に転じ、日本の借款で建設された京釜鉄道、現在のソウル・プサンをつなぐ鉄道の設立発起人（一八九六年）に渋沢栄一と共に名を列ねている。

そして山本と森との関係は、遠く日露戦争にさかのぼる。山本の紹介で三井物産に入社した森は、当時、三井物産の上海支店長だった山本の下で見習生として働いた。ロシアのバルチック艦隊が東シナ海にさしかかる頃合を見計らって、森は山本の命を受けて南シナ海に船を繰り出した。そして艦隊がたどったコースと石炭の積載量から対馬海峡に向かうと予測、連合艦隊司令部に打電したのは、後世に伝わる有名な話である。

一九二五年、憲政会の失政で立憲政友会に政権が回ってきた。政友会は高橋是清総裁の後任に田中義一大将を迎えて体制を一新、難局打開に乗り出した。そのときの幹事長が山本条太郎で、側近として森がいた。

二七年春、田中は中国に視察団を派遣する。団長が山本で副団長格が森、そして随行員の一人に松岡洋右がいた。後年、国際連盟総会で脱退劇の主役を演じ、日独伊の枢軸関係を構築したあの松岡である。前年の三月まで五年にわたって満鉄理事の職にあった松岡は、鉄道交渉で張作霖にはさんざんてこずらされたが、アポなしで会える数少ない日本人でもあった。

視察の第一の目的は国民党による武漢政府の実体を知ること、ソ連のコミンテルンから派遣された政治顧問ボロジンの正体を探ることにあったが、鉄道問題解決の糸口をつかむという大きな宿題を担ってもいた。そのために松岡が同行したのである。松岡は視察団と張作霖との会見を北京でセットした。山本が張作霖に会うのはこのときが初めてで、山本は「木曽義仲のような男だ」という印象を持った。形式にこだわらない生地丸出しの人物という意味だという。

視察から帰った年の七月、山本は田中の強い要請で政権与党の幹事長から満鉄総裁に転じ、同時に松岡が副総裁に就任し山本を強力にアシストする。ちなみに、松岡の外交官（吉田の二期先輩）としての初赴任地は上海（領事官補）で、山本、森と同じ時代の上海を過ごしている。山本は鼻っ柱が強いが、実行力のある松岡を買っていてヒマがあると連れて飲み歩いた。山本と松岡、森は上海時代の飲み仲間でもあるのだ。

田中と森、山本は政友会のトリオ。田中、森、吉田は対中国強硬路線、満洲分割派トリオ。吉田が満洲を去った後、田中は山本、松岡と新たに編成したトリオで鉄道問題に挑むことになる。

もう一人の主役・河本大作

事変直前の六月に発生した中村震太郎殺害事件は、軍の強硬派、ことに関東軍はこれをもって、満洲問題解決の突破口にしようとしたが軍中央部の反対で断念、舞台を外交交渉に移したところで時間切れとなった。軍部はもとより、日本の世論は国内、満洲内を問わず、熱く盛り上がったが、結局、中村大尉殺害事件は事変とは直接結びつかなかった。もとより石原莞爾が来て、突然、満洲の胎動が始まったのでもない。日本が南満洲に権益を持った時点から事変は始まっていたのである。もう一人の主役・河本大作の出番は山本の後である。

張作霖爆殺事件を知った山本は、

「もうこれで自分が満洲に来て今日まで計画し、今後なさんとしたことは、全部水泡に帰した。田中内閣も近く土崩《どほう》瓦壊だ」と肩を落とした。

苦心の末、張作霖との間にやっと締結した「張・山本協約五鉄道」がご破算になったのである。作霖が死んでも河本の思惑どおりにならなかったが、確実に事変に一歩近づいた。日本にとってよかったかどうかはわからないが、政治・外交面から見れば一歩も二歩も後退である。

周知のごとく田中内閣は、張作霖爆殺事件が命取りとなって崩壊した。同時に張作霖・田中義一という相互扶助というか、お互いが利用しあった関係が喪失したことが事変を早めたのはいうまでもない。

一方で東方会議に河本の名が見える。彼はすでに歴史に顔を出していたのである。関東軍司令官武藤信義の随行員の河本（関東軍高級参謀）に発言のチャンスはなかったが、武藤の発言〈満洲の勢力を外蒙古にまで広げる〉〈中国本土の争乱の余波を満洲に及ぼさない〉〈満洲の鉄道、産業を開発し、日本の国防の必要を満たす〉〈満洲はなるべく満洲人によって治めさせる〉は、多分に河本の意をくんだものであった。武藤の名は陸軍屈指のロシア通として轟《とどろ》いていたが、中国については中国、満洲の事情に精通している斎藤亘参謀長、河本らの意見に耳を傾けた。

河本には日露戦争で負った古傷がある。戦後も志願して満洲に残ったほどこの地への愛着が深い。吉田や山本よりも長く満洲の水を飲んでいる河本が描いた満洲の未来図に、張作霖の名はなかった。なぞってみると、石原莞爾が目指した点と重なるところが多く、河本が「事変の青写真は自分が描いた」というのも当たらずといえども遠からずなのである。

しかしこうしてみると、事変以前の満洲は吉田や森、この後、登場する山本、河本らがそれぞれの分野で強いイニシアティブをふるっていたことになる。特定の人物が際立つのは、国家の方針が定まっていなかったことの裏返しでもある。

振り返ってみれば事変以降の日本の対満洲、中国政策は絶えず揺らいでいた。事変とそれに続く満洲建国の過程で力をつけた陸軍の圧力の前に、政府は国としての施策を打ち出せなかった。その結果が盧溝橋《ろこうきょう》事件を呼び、中国大陸での無定見な戦線拡大を招き、ついには大東亜戦争へと突入するのである。軍隊は戦争を経るごとに肥大する。中国大陸に百万の兵を送ったころの陸軍は政府より大きな存在となっていた。

田中上奏文

さて田中上奏文（別称「田中メモリアル」）のことである。ギネスブックによると世界最高のベストセラーは『聖書』（二十五億冊）、それに続くのが『毛沢東語録』（八億冊）で、中国語版だけでも十種類以上あるとされている田中上奏文は、『毛沢東語録』に次ぐのではないかと秦郁彦は著書『昭和史の謎を追う（上）』で述べている。

石原莞爾が関東軍参謀として満洲（旅順）に赴任したのは一九二八年十月、張作霖爆殺事件の四ヵ月後。東方会議が行なわれていたころ、石原は陸軍大学校で教鞭をとっていた。しかし田中上奏文に関わって、なぜか石原の名前が出てくるのである。

本文だけでも四万字に及ぶ田中上奏文の全文に目を通した日本人は、おそらくいても数人で、そもそもあるはずの日本語の訳文が、完全な形で残っていないのである。問題の箇所は、「支那（中国）を征服せんとすれば、まず満蒙を征せざるべからず、世界を征服せんと欲すれば、必ず支那を征服せざるべからず、もし支那にして完全に我国のために征服せられんか、他の小アジア、インド、南洋等々のごとき異服の民族は必ず我を敬畏して我に降伏すべく、世界をして我国の東洋たらしめ、永久にあえて我国を侵害することなからしむに至るべく、これ即《すなわ》ち明治大帝の遺業にして、また我が日本帝国の存立上必要事なり」。

今日の言葉に直せば、「中国を支配するには、まず満蒙を手に入れなければならない。中国を支配すればアジアの近隣国は、わが国の威光に屈するであろうし、日本がアジアに君臨し、明治大帝の遺業が完成する」というので、いまに思えば何とも身勝手なロジックではあるが、そういう空気の中で生まれ育った人間はそれほどにも思わなかった。大国ならどこの国でもこれに近いことを考えやっていた。隙あらば他国を飲み込もうとするのが、普通の時代には不条理ではなかった。

それがなぜ日本にかぎって問題になったかは、日本から無理難題を押しつけられ対応に苦慮していた中国政府が、国民の政府批判を、反日感情にすり替えさせるために繰り返し喧伝《けんでん》した一面があることは否定できない。

「まず満蒙（満洲と内蒙古）を取り、次は中国を支配する」と時の首相が天皇に上奏したのだから、中国が問題にするのは当たり前で、中国が受けた衝撃は、今日の靖国神社問題の比ではない。

田中上奏文が世に出たのはその日付から二年遅れた一九三一年暮れのことで、事変直後であったからなおのこと反響は大きかった。日本人でその存在を初めて知ったのは、事変当時の吉林総領事・石射猪太郎（一八八七〜一九五四）。当初、世に出たのは漢文と英文の二通りで、遅れて日本語訳が出た。

石射は著書（『外交官の一生』）の中で、「だれかの創作である」とただした上で、「すばらしい傑作であった。後日の巷説によると、一日本人が書き下ろし、数万円で中国側に売り込んだものとの説であった」と記しているが、こんな説もある。張父子の二代にわたって秘書を務めた王芃生という人物の作文だというのである。王は密かに共産党に通じていた。王の作文は藍衣社《らんいしゃ》と並ぶ中国政府の二大情報機関である国際問題研究の手に渡ったというのである。

しかしここで注目したいのは『田中義一伝記』に出てくる鈴木貞一（当時、参謀本部勤務大佐）のこの件だ。その要旨は、「昭和二年（一九二七年）、いわゆる北伐の進行を視察するために漢口に来て森恪に初めて会い、以来、森とは終生親交をつづけることになるが、このころから鈴木は満蒙問題解決のため、石原莞爾、河本大作らの軍人仲間と種々の具体案を練っていたという。森はこの案に同意し、奉天総領事吉田茂、駐米大使斉藤博らの協力をえて東方会議以前に一つの案をつくり上げていた」。

その具体案というのが「満洲を中国本土から切り離して、その土地、地域に日本の政治的勢力を入れる。そうして東洋平和の基礎にする。これがつまり日本のなすべき一切の内治、外交、軍備、その他庶政すべての中心とならなければならない」なのである。

『評伝吉田茂』には、同じ場面がこんな形で出てくる。

「森は、おれ一人の力でもできないから、ちょうど奉天総領事の吉田が東京にきていたので、吉田に相談しようということで、僕と森と吉田と会見した」

〈僕〉とは鈴木である。続きである。

「ところが吉田がいうには、これはどうしても、アメリカにグウの音もいわさないようにしなければいかん。それにはちょうど斉藤（博、駐米公使）が東京に帰ってきているから、斉藤に相談しよう、アメリカのことは斉藤がよく知っている」

「それでさらに斉藤を加えて会見した結果、自分（鈴木）の書いた案をさらに斉藤が筆をとって書き改め、つまりオブラードに包んで一つの案をつくりげた」

石原だけでなく、河本の名前が出てくる。二人がどこまで具体的な政策案に関わったかは不明だが、鈴木の案を叩き台に森、吉田、斎藤らが修正した可能性は考えられる。鈴木は第三次近衛内閣、東条内閣に企画院総裁として、戦争経済の企画の中心であったことから、東京裁判ではA級戦犯として終身刑の判決を受けた。参謀本部時代は中国が担当で、その後調査畑を歩いた鈴木が中国問題に一家言あって当然だが、鈴木には〈政治将校〉の異名があるように、幾多の政治干与、謀議に関わっている。ある意味ではいわく付きの人物なのである。

『田中義一伝記』ではこれが野党憲政党の某有力者の手を通じて蔣介石に届けられる途中で、中国共産党の手に入り、田中上奏文と呼ばれる偽文書のもとになったとある。問題はそこなのだが、真贋《しんがん》論争と伝播《でんぱ》経路については、怪文書にありがちなことだが定説がなく、真贋《しんがん》論争は今もって決着していない。

事変翌年の一九三二年の国際連盟総会は『リットン報告書』を巡って紛糾、日本は脱退の道を選んだ。松岡の名が一躍、世界にクローズアップされた場面だが、このとき中国代表の顧維鈞《こいきん》は、「この問題の最善の証明は、実に今日の満洲における全事態である」と激しく日本の侵略を指弾したが、顧が〈最善の証明〉として振りかざしたのが田中上奏文であった。真贋不確かなものが世界を動かしたのである。

石射猪太郎はこうもいっている。

「太陽から見たら、地球の黒点は満洲国だろう」

満洲は、それほど黒い霧に覆われていたのである。

焦る張作霖、揺さ振る吉田

大連会議が幕を閉じた七月二十日、田中首相から吉田宛てに訓令が届いた。題は「満蒙懸案解決問題」とあった。その要旨は、

「満鉄による東三省側軍事輸送を拒絶すること、奉天兵工廠に対する石炭その他諸材料の供給を禁圧すること、京奉線軍用列車の満鉄付属地通過を停止すること、外務、陸軍、関東庁及び満鉄とともに政府の意を体して、東三省側の希望を入れず、かつ今後東三省側のため諸事不利益に処置することあるべき旨、厳重申し入れること。ついては貴官は右の次第含みの上、本件懸案解決かた充分御努力相成りたく、委細郵報。北京、吉林、長春、ハルビン、間島、チチハルに転電ありたし」

この訓令を手にした吉田は小躍りしたはずである。吉田の主張が外務省だけではなく、政府から全面的に認められたのである。ことに意味があるのは、最後の「貴官は

右の次第御含みの上……北京、吉林……に転電ありたし」の件《くだり》である。素直に読めば、この問題でのイニシアティブが吉田に与えられ、北京以下もこれに従うことになる。吉田の得意たるや、推して知るべしである。

ところで、このころ張作霖はどうしていたか。自分をどう料理しようかと日本が話し合っているのだから、気にならないはずがない。しかしいろいろ手を回しても、確かな情報が入ってこない。作霖は日本要人に賄賂を送って、情報ルートを確保していたが、今度ばかりは手がかりさえつかめなかった。

田中からの訓令が届く一日前、吉田のもとに作霖側から使者がきた。探りを入れにきたのである。使者の意図が分かっている吉田は適当にあしらって追い返した。その後、吉田は田中に、「本官はわざと東方会議について答うるを避け、帰任後、中国側往訪もなさず、人をして東方会議の結果、わが決意の固きものあるを中国側にほのめかさしめ」と打電。

「聞かれても答えない」「往来も断わっている」というのである。相手の不安な気持ちに揺さ振りをかけているのである。意地悪といえばその通りだが、これも外交のテクニックであろう。

だが作霖も負けてはいない。七月二十九日、北京から本庄繁を呼び寄せた。事変時の関東軍司令官のあの本庄だ。本庄はこのとき公使館付武官（少将）として北京に在った。本庄は一九二一年から二四年にかけて作霖の軍事顧問を務めていた関係で、作霖が安国軍総司令として北京に居を移してからも頻繁な行き来があり、前後六年の長い付き合いからも、作霖と最も親しかった日本人といえる。

ちなみに事変の際、関東軍が最初に攻撃した奉天郊外の兵器廠は、本庄が顧問時代に建設着手したものだった。さらにつけたせば、北京時代の本庄の補佐官が板垣征四郎で、板垣が転出した後、一時、土肥原賢二が補佐官代理を務めた。石原を除く事変の主役のそろい踏みである。

しかし、実直な人柄で学良からも慕われていた本庄が、後年、父子二代に及んだ張政権を奉天から駆逐する立場になったのだから歴史は皮肉だ。本庄は絶筆となった『満洲事変の本質』の中で、「学良が満洲にいたら、事変はあれほどまでに拡大せず、日中関係を全面的に正常化する端緒になったかもしれなかった」と悔やんでいるが、そのときの学良は、もはや本庄が知る学良ではなかった。

ところで、作霖の狙いは本庄を通じて田中に揺さ振りをかけることであった。東方会議の結果を受けて、中国各地で排日デモが頻発、奉天でも三万人規模の大集会が開かれ、排日気運は日に日に高まった。もとより現地の世論は作霖の味方である。

作霖と会見した翌日、本庄は参謀本部の岡本連一郎参謀次長に「二十一ヶ条の再来を思わしめ、かえって人心を扇動険悪ならしめる」「強行手段は最後のものなるべし」と打電、作霖をこれ以上、追い詰めるのは得策ではないとの見解を伝えた。電文の内容が作霖の意を受けたものかどうかはわからないが、本庄が、そうしたことで行動を起こすような人物とは思わない。本心、そう思ったのであろう。

吉田批判と吉田の反撃

しかし、気がつくと吉田は批判の声に囲まれていた。関東庁、関東軍、満鉄が足並みを揃えて吉田批判に回ったのである。

八月四日、関東庁長官児玉秀雄の音頭取りで、旅順の関東庁に満鉄から岡虎太郎理事、関東軍から斎藤恒参謀長が集まって会合し、合意事項を田中に送った。

〈満鉄線への乗り入れ停止は、日本側の条約違反として責められかねない〉

〈かりに軍用列車を停止させたとしても皇姑屯《こうことん》駅からでは、中国側のダメージはほとんどない〉

〈第二、第三の威嚇《いかく》を用意し、それでも効果がない場合、最後の威嚇を行なう決意があるのか〉

〈軍用列車と普通列車の見分けは難しく、武力で以て強行する準備と覚悟が必要である〉

〈報復行為として沿線各所で列車妨害、あるいは邦人住民への圧迫が考えられ、これにたいする警備も必要となる〉

〈普通列車の運行を妨げた場合、世上の非難を招きかねず、また外国人の不便をきたした場合、国際的な責を免れない〉

結論は、「満鉄のみならず、軍及び当庁においても右実行に協力する場合において、細部の訓令を要すべき点もありうるにつき、この点も併せてご配慮相成りたく、打ち合せの大要ならびに本官の思付き申進す」であった。

要するに吉田の提言は実効性がなく、いたずらに混乱を招くだけだというのである。もとより後知恵による判断だが、彼らの主張はいちいちもっともである。付属地の通過を認めないといっても、北京から皇姑屯駅までは付属地とクロス地点がないからフリーパス。問題は終点の瀋陽駅（満鉄の奉天駅ではない）と一つ手前の皇姑屯駅の間の地点で満鉄線と京奉線がクロスしていることだが、二つの駅は指呼の間にあり、かりに遮断したとしてもどれほどの効果があるのか。新橋駅まではよくて東京駅まではダメだというようなものである。

また「最後の威嚇」云々とは武力行使にほかならず、「協力する場合において、細部の訓令を要す」とまでいっている。細部に戦争が含まれるのは断わるまでもない。関係当局は事態はそこまで深刻に見ていたのである。事態は臨界直前、〈事変〉一歩手前であった。

吉田にも手落ちがあった。事前に根回ししておけば、ここまで批判の声が高まることもなかった。ことに軽視された関東庁の怒りはおさまらず、吉田批判の最先鋒は児玉だった。児玉は日露戦争の英雄・児玉源太郎の息子で、ふだんから〈親の七光〉と陰口をたたかれ、それまでも吉田とは反りが合わなかった。吉田の口から児玉の名が出るときは〈あのバカが〉がつくのが通例だった。

もちろん吉田は黙ってはいない。猛烈な反撃に出た。

〈条約違反を犯しているのは中国であって、他国の違反に対抗手段として、相当の措置をなすのは国際慣例で認められてある〉

〈付属地の行政権のある日本には、中国側の軍隊、軍用品を通過させない権利がある〉

〈第二、第三の手段について、つとに帝国政府に決心あるのはご承知の通り〉

〈列車運行の停止が目的ではなく、中国側が反省すれば事足りるのである〉

〈そのような事態を惹起すれば、彼我の関係断つと同様で、困るのは、むしろ中国側である〉

〈普通列車を目的とはしない。作霖側は南方にことを構え内外とも多事多難で、そんな力はない。無謀なことをすれば、彼自ら傷つく〉

〈要は機を見て断行の勇にあり。かつ廟議すでに決し、矢は弦を離る。さいわいにご協力を待って所期の目的を達成せんことを希《ねが》う〉

強気である。吉田は反対の声を圧殺するような激しさで、「この機を逃せば、満蒙問題は永久に解決しない」と、なおも田中に決断を迫った。それにしても吉田の指摘は一つ一つがシビアである。まさに戦う外交官だ。

九月二十一日、田中は本庄を北京から東京に呼び戻した。作霖の言い分を聞くためではなく、本庄を通して戒めるためであった。田中は、「排日がこれ以上昂進《こうしん》すると、武力行使も辞さない」と作霖に忠告するよう本庄に命じた。

周知のように日露戦争の際、日本軍によって危うく処刑されるところの作霖（当時は馬賊）の命を救ったのは、当時、満洲軍作戦主任の田中（中佐）だ。郭松齢の反乱の際、作霖助命に働いたのは吉田だ。二人は「作霖を生かして利用しよう」という考えで共通していた。中国本土から分離する際、満洲の統領として作霖が必要だったのである。作霖が短気を起こして殺さざるをえなくなるような事態を招きたくなかったのである。

しかし、吉田への風当たりは強まる一方であった。

その頃、奉天は未曾有の混乱に陥っていた。排日旗を手に排日歌を高唱し、宣伝ビラをまきながら数万の現地人が連日市内をデモするのである。

当時の奉天の人口は現地人三十五万に対して、日本人二万数千。数の圧力に押し潰されそうになった日本人が、ついに悲鳴をあげた。奉天商工会議所は、「我が国の満洲に進出して以来ここに二十年、この間時に排日の挙措ありたりといえども、未だ今日のごとく数万の大衆による斯《あざむ》かる事態を見たることなく」「今にして彼らの軽侮を一掃し、懸案解決の挙に出ずにあらざれば、二十万（著者註満洲全体の日本人の数）の我住民は挙《あげ》て故山に引揚ぐの外なきに至る」と田中に善処を求める要望書を送ってよこした。

事変にはまだ四年の歳月があるが、私には事変の地鳴りに聞こえる。事変は、すでに始まっていたのである。

さすがの田中が揺らいだ。交渉の場を奉天ではなく北京に移そうとした。満洲で完全に孤立した吉田では、事は解決しないと判断したのである。

だが、吉田は簡単には退かなかった。北京に場を移すのは、これまでそうであったように、いたずらに時を稼がせ、焦点をボカし、問題を国際化させるだけなのである。八月六日、そんな吉田のもとに木村アジア局長から電報が届いた。木村は、「外務大臣の決済を経ただけで、閣議決定に至っていない」ことを伝えたのである。先の田中からの訓令のことである。〈廟議決定〉は吉田の思い込みであった。

ここにおいて吉田は、敗北を認めざるをえなくなった。しかし吉田の主張は間違いだったのか。外交を武器に戦えば、こういうことになるのは自明なのである。最後はどう決断するかはトップである。

大将で予備役となり神輿《みこし》に乗った形で政界入りした田中は支持基盤が弱く、言を弄することが苦手で政界遊泳の術にいちじるしく欠けていた。田中は長州軍閥の最後の領袖《りょうしゅう》でもあったが、陸軍のドン・山県有朋亡き長州軍閥は、もはや黄昏《たそがれ》期に入っていた。軍隊では一度退役すると、大将でも発言力はないに等しく、田中には軍をコントロールする力はもはやなかった。

無念やるかたない吉田はこう語る。

「もとより中国側の善意好意を求むべきは当然ながら、これ国力自体の発動を覚悟しての後になるべきものにして、他国領土に国力の進展を企画するにあたり、相手方国官民の好意のみ訴えて成功せる国際の例あるを知らず。

また国力進展を計らんとする国策の遂行にあたり、相手方に不評なればとて躊躇逡《ちゅうちょ》巡すべきに非ず。

英のインド政策はもとよりインド人の好感を以て迎ゆるところに非ず。仏人はアルゼリアに人望なければとて、その国策を放擲せず、米人は中央アメリカにおいて蛇蝎《だかつ》視せられつつあり。いずれの土人といえども、侵入者を箪食《たんし》・壷漿《こしょう》（少量の飲食物）して迎ゆるものなかるべきに、ひとりわれは対支対満政策の遂行を期する一面に、支那の排日感情を恐る。真に了解に苦しまざるをえず。

対支対満発展を企図する以上、排日は覚悟すべく、いわんや支那の排日運動の恐るべからざるは、既往の事例これを示すところ、かつ満洲においては、支那のあえてこれをなしえざる事情にあるの明らかなる以上、わが国策の遂行に何の遅疑する要あらんや」

吉田は、「満洲に日本の未来を託した以上、排日は覚悟すべきで、排日を恐れていては何もできない」とまでい切っている。

戦後の、われわれが知る吉田外交は、憲法九条と日米安保を二つの柱とする欧米主導の秩序の上にたつ協調主義だ。

どちらが吉田の本質なのかは問うまでもなく、どちらも吉田の本質なのだ。吉田が超リアリストといわれる所以《ゆえん》である。

京奉線の遮断に加えて、中国軍の満鉄付属地への立ち入りを一切禁じるのは、「乱心の殿を奥座敷に閉じこめる」ようなもので、作霖（殿）に残された選択肢は白旗をあげるか、玉砕覚悟で討って出るしかない。乱心とは日本側から見てである。

それにしても、「つとに帝国政府はご決心あるはご承知の通り」は何を意味するのか。吉田は政府にどんな答えを求めていたのか。

武力行使ということであろうか。山本条太郎を満鉄総裁に送り出す際、田中は、「サーベルにかけても」といっていて、山本の背中を押した。サーベルは西洋式の細身の剣で、日本風にいえば「腰の刀にかけても」ということである。

外交官・吉田は、軍事衝突を想定範囲の外ではなく内に置いていたのではないか。かりにそういう事態になったとしても、四年後の事変とは情況も手順も規模も違ったであろう。作霖が爆死した一九二八年（昭和三年）六月四日、吉田は満洲を後にしていたが、総領事にとどまっていたら、得意のセリフ「あのバカが」は、だれに向かって発せられていたであろうか。事変時の奉天総領事が林久治郎でなく吉田であったら、どんな満洲事変になっていたか、と、愚につかぬ想像をしてしまう。

林が奉天総領事となったのは一九二八年三月、張作霖爆殺事件の三月前のこと。吉田が仕掛けた爆弾が爆発する頃に総領事になったのは巡り合わせとしかいいようがない。二人は領事館試験合格の同期。ほかに同期に広田弘毅（首相、A級戦犯）がいる。吉田が攻撃型なのにたいして、林はバランス型。林が着任した頃、関東軍は総領事の意見に耳を傾ける情況になかった。後手後手に回らざるをえなかった林は、暗澹たる思いを残して満洲を去る。

武力行使で勢いづくのは軍である。軍部による満洲支配が四年早まっていたら、つまり作霖の死によって中国本土と満洲との分離が実現していたら、後の事変は起きなかったし、国内の五・一五事件、二・二六事件は起きていなかったかもしれない。青年将校を決起に駆り立てた諸々の不満が、満洲において発散されるからである。しかし、日本列島に渦巻くマグマまではどうか。

余談だが、二・二六事件の最中、陸相官邸にいた石原莞爾（当時、参謀本部作戦課長）に首謀者の一人栗原安秀中尉は、「大佐殿は昭和維新について、いかに考えおられるか。われわれとは、その考えが違うように思うのですが」と詰め寄った。返答次第では撃つつもりでいた。石原は、泰然と「昭和維新か。ぼくにはよくわからん。ぼくのは軍備を充実すれば、昭和維新はできるというのだ」と答えた。

石原は何をいわんとしたのか。「軍備を充実すれば」は、たんに数量的なものをさすのではなく、「国防軍備の充実」、すなわち「国防についての目的意識を明確にすれば」という意味ではなかったかと、大谷敬二郎は著書『軍閥』でいっている。大谷は一九三八年（昭和十三年）、東京憲兵隊特高課長に就任して以来、東京憲兵隊長、東部（東京）憲兵隊司令官と憲兵行政のトップにあり続けた人物で、彼のもとには通常では知り得ない情報が集まってきた。近衛文麿内閣に始まって、憲兵による暗黒政治と指弾された東条英機内閣だが、皮肉なことに自身憲兵の縛りを免《まぬが》れなかった。東条内閣の死期を早めた原因の一つは、敵を作り味方を作らなかったことにある。皮肉なことに、それは石原にもいえる。

石原にとって当面、国防の相手はソ連で、その先にはアメリカがいた。石原にとって事変は「国防軍備の充実」、すなわち対ソ連防衛ラインの強化のためであった。最後に「満洲問題は対アメリカ問題だ」とした吉田の見方は、その通りの結果となった。事変、満洲国誕生という一連の日本の行動に、国際社会でもっとも厳しい見解を示したのはアメリカであった。当時のアメリカ国務長官スチムソンは、「日本の行為は侵略である」と決めつけ、著書『極東の危機』で、「侵略国が軍事的に成功したことは、すでに他の不満なる独裁政府をして、該組織に対して更に以上の襲撃をなさしむることを奨励するに結果した」と指摘した。

「他の不満なる独裁政府」とはドイツのこと、ドイツ・ナチの暴走は事変の成功に刺激されたものだというのである。事変がナチの暴走を誘発したという見方には賛同しかねるが、総面積百三十万平方キロ、ドイツとフランスを合わせたより広い国家が極東の一週に、突如、出現したのである。第一次世界大戦以降、小康を保っていた地球に噴出した異物を、世界が驚きをもって見たのも当然といえる。

以来、アメリカは日本を「国際ルールを平気で破る危険な国」の烙印《らくいん》を押したのである。にもかかわらず軍部はもとより、政治家、有識者も一部を除いてアメリカの存在を殊更《ことさら》無視し続けた。

吉田は一九二七年十二月十六日、病気療養を理由に帰朝を命じられ、翌年一月二日帰国。

役者の交代である。新たに登場したのが山本条太郎。吉田を見切った田中は、山本に新たな展開を託した。そして河本が作霖を爆殺するまで、満洲という舞台は山本を中心に動く。

第三章――交渉

第一声は経済化と実務化

山本条太郎が第十代満鉄総裁として満鉄本社のある大連に赴任したのは一九二七年、昭和二年の八月二十七日のことである。

着任の翌々日、山本は約二千名の社員を前に新任の挨拶を行なった。〈三井の山条〉としての雷名は轟《とどろ》いており、政権与党の幹事長からの転身は、時の政権との強いパイプを物語る。

官僚からの天下り総裁が三代続いた後の、久々の実力総裁の登場に会場は、いつにない緊張感に包まれていた。

山本の第一声は「経済化と実務化」。コストダウンとスピードアップである。創業二十年を経た満鉄は因習と伝統、がんじがらめの法規に縛られて、創業時の活力を失っていた。山本が下した鉄槌は、「温室内の安眠」を貪《むさぼ》っていた社員を震撼《しんかん》させるに十分であった。

翌日、山本は第二矢を放った。理事、部長、審査役ら幹部を集めて社内外の状況を報告させ、経済化については松岡洋右《ようすけ》副総裁、実務化については岡虎太郎理事を委員長とする第一、第二委員会を発足させ、一刻の遅滞も許さない強い姿勢を示した。

一九二一年以降、山本が赴任する前年の一九二六年まで満鉄は六年続いて年間三千万円台の収益をあげていた。社員が慢心する一因でもあった。われわれはちゃんと儲《もう》けているではないかという意識。しかし、儲かっているといっても満鉄は新事業に対して毎年二億四千万円の資本投下を行なっており、それを計算に入れると二億円余の赤字なのである。官僚上がりの総裁はそれでよしとしたが、長年、企業の最前線にいた山本は実質を見る。一般企業なら総裁を初め幹部は引責辞任である。かつてどの総裁からもこのような指摘はなかった。

満鉄の予算は事業費と営業費とがある。新たな資金が投ぜられる事業費の使い道については慎重な検討が加えられたが、営業費については前年通りとして簡単にパスするのが通例であった。

そこに山本のカミナリが落ちた。「営業費はオレが決める」といって、多年の慣習であっても、遠慮なくバッサバッサと削ぎ落とし、一切の抗弁を認めなかった。現場経験が豊富な山本は書類を見ただけで、何がムダかがわかるのである。

サーベルに賭けてでも

しかし、こうしている間も山本は鉄道のことが頭から離れることはなかった。満鉄本線からあがる収益に頼っているだけでは、満鉄の前途はたかが知れている。樹木がそうであるように、枝葉を広げて行かないと満鉄の明日はない。

山本はチャンスを待った。交渉事は時期を逸すると、まとまる話もまとまらなくなる。

本音をいえば、山本は満鉄総裁になりたくなかった。山本はこのとき六十歳。人生五十年といわれた、この時代では間違いなく老人である。手元の『1927年・日録20世紀』(講談社)の「往きて還らぬ」欄を見ると、この年、日本人で死亡した著名人十人の平均年齢は五十二・七歳。まさに人生五十年だ。

山本は人生最後の舞台として政治家を選んだ。国に奉仕するのはこれでお仕舞いにするつもりでいた。

満鉄は営利企業であると同時に国策会社でもある。利益をあげるだけでなく、国内の政治事情との関わりが避けて通れない。日本最大企業のトップは、国家規模の責務を担っていたのである。幸い田中義一という強力なバックボーンがあるが、田中政友会内閣がいつまで安泰かの保証はない。

他国の領土に鉄道を敷くのは外交がからむ。本来、外務省のやるべきことである。ところが、現状は現場の満洲を支配している張作霖に外交権はなく、外交権のある北京政府は現場に口を挾《はさ》めないというねじれた関係にあった。さらに日本が敷設《ふせつ》を要求している鉄道は、すべて日本の対ソ連戦略がからんでいた。日本とソ連が戦争を始めれば、満洲が再び戦場になる。鉄道が地域の発展に有益なことは中国も理解していたが、戦争を誘発しかねないことから、もう一つ積極的になれない。そして周知のごとく日本の外務省と陸軍省とは天敵の間柄だ。お互いが足を引っ張っているのだから、まとまる話もまとまらない。

まさに難問山積。この時期の鉄道交渉は、よほど肝の座った人物でないとつとまらない。

田中内閣が誕生してほどなく、山本は突然、町野武馬の訪問を受けた。張作霖の軍事顧問の町野とは、何度か会ったことがある程度の関係でしかない。「田中さんの使いできた」という町野は、いきなり「田中さんが、あなたを満鉄総裁にというのですが」と切り出した。山本は言下に断わった。

「満鉄に行って何の仕事があるというのか。オレは仕事のないところに行くのが一番嫌いだ」

しかし、町野は引き下がらない。町野は熱い口調で田中の意向を伝えた。要約すればこうである。

「政府間の交渉では、もはやまとまる望みはない。鉄道を敷くことのメリットを的確に指摘でき、場合によっては恫喝《どうかつ》してでも承諾させる腹芸のできる人物に全権を任せて、張作霖にぶっつける以外にない。今、日本でそれがやれるのは山本さんしかいないと、田中さんはいってました」

「…………」

「山本さんは中国のことも、中国人のこともわかっていらっしゃる、もちろん満洲のことも」

「…………」

「経済にもお詳しい、張作霖はああ見えても、結構、金銭に細かいのです」といって、こんなエピソードを紹介した。張作霖は毎朝、市で卵の相場を調べる。そして「今日はこんなに値が上がったから食べるのはよそう」といって食卓から卵を下げさせるのだという。

「何が何でも反対というのではない。彼は鉄道のメリットを十分に理解してます。ただ外務省のように正面から押すだけではダメなんです」

町野は四年間、作霖の軍事顧問を務めた。作霖に一番近い日本人といって過言ではない。作霖の強さも弱さも知り尽くしている男なのである。

郭松齢が作霖に反旗をひるがえしたとき、町野は作霖とその家族と共に奉天城内の作霖邸内に十一日間、不眠不休でたてこもった。周囲はすっかり郭軍に囲まれていた。日本軍が救出に立ち上がらなかったら、作霖も町野もあのとき死んでいた。いわば生死を共にした間柄なのである。

しかし、それでもウンといわない山本に、町野は最後にこう切り出した。

「田中さんはサーベルに賭けてもといっています」

サーベルは細身の西洋の刀で、サムライ風にいえば「腰の刀に賭けてでも」、つまり武力行使も辞さない覚悟、国運を賭けてでもというのである。

「そうか。田中さんがそこまで決意しているのであれば、私も最後のご奉公のつもりで引き受けよう」

正式な辞令がおりた七月十九日、田中は政友会本部で開かれた臨時幹部会でこう語った。

「対支外交の問題は現内閣が最も重要視し、新方策を確立して抱負を実現するために、自分は外相を兼ねて、その衝に当たっている次第だが、満洲における経済的基調をなすものは満鉄総裁で、いわば総裁は自分の分身であるから、その選任には最も考慮を要し、山本条太郎君に懇請してその任に当たってもらうこととなった。山本君としては今さら満鉄総裁になったとて名誉なわけでもないが、政友会の政策実行の上において、この人のほかに適任者なしと認めて就任を求めたのである」

山本が社長、重役として関係する会社は二十数社に及んだ。満洲に行くとなると身辺を整理せねばならず、その影響も少なくないことから、財界からも反対の声が出た。また代議士は満鉄総裁を兼務できないという規律から、本来、山本は代議士を辞めなければならなかったが、山本が辞任を拒んだことから、法制局は法を曲げて兼任を認めた。

だが、なぜ田中が町野を介して山本を口説いたかはナゾである。田中は政友会の総裁、山本は幹事長、直接、口説けばよいではないか。

警戒を強めた外務省

「山本条太郎、満鉄総裁就任」が報じられると、影響はまず株価にあらわれ、満鉄株は総額で二千万円アップ。初代総裁の後藤新平は、「将来、政変があっても、山本氏だけは国家のため絶対更迭させてはならぬ」といち早く支持を表明。山本の起用がいかに世間の耳目、期待を集めたかである。

だが別の意味で注目していた、というより神経を尖らせていたのは外務省。田中が与党の幹事長を満鉄に送り込む目的が、日中間最大の懸案となっている鉄道問題にあるのは素人にも考えが及ぶこと。外務省として自分たちの頭越しに鉄道問題が進捗《しんちょく》することは、メンツ上、断じて許せないことなのである。だが、このときすでに田中と山本の間には「一切を極秘にして外務省あたりに妄動させせないこと」との内意ができていた。

大連に着任してからも、山本は動かなかった。動くときは電光石火の早業でなければならない。外務省に付け入る隙を与えないためにも。

北京に戻った町野は、作霖とその周辺の動きに注意を払った。外務省が作霖に働きかければすぐわかる。作霖の三度の食事のメニューまで知ろうと思えば知りえた男である。

北京には山本が頼りにしている男が、もう一人いた。江藤豊二、中日実業公司の常務だ。中日実業公司は一九一三年、山本の骨折りでできた初の日中合弁会社旭公司の後身で、江藤は生え抜きの社員、山本の上海時代の三井の同僚でもある。当時、中国では中国法人でなければ経済活動ができにくい仕組みになっていた。そこで山本は孫文を口説いて合弁会社を設立した。

役員には中国側から孫文、日本からは渋沢栄一、益田孝（三井物産の創設者）らトップクラスの経済人が名を連ねた。取締役には田中の懐刀の森恪、山本は一歩退いた形の相談役。中国の裏事情に通じていた江藤は、もとより作霖とも近い関係にあった。はたして外務省が動いた。結果はこれまでどおりノレンに腕押しで成果を見ないで終わった。状況が悪化した今は、山本の出番ではなかった。

そこで山本はこんな手を打った。自分と満鉄幹部数名の妻の女性だけの観光団を組んで北京に向かわせた。作霖がどう対応するかアドバルーンをあげたのである。事前に情報を得ていた作霖は、奉天から特別車両を仕立て、北京でわざわざ時間を作って歓談するなど、夫人一行を手厚く歓迎した。山本は「悪くない」感触をつかんだ。

山本と作霖は初見ではないことは、先に述べたが、密かに蔣介石との接見を企てていた。北伐の本気度を確かめるためだった。この頃、蔣介石は武漢政府と対立する形で下野していたが、それはある種の擬態で復活を狙っていたのはあきらかだった。北伐がどこまで及ぶかは日本が南満洲に持つ権益に大きく影響する。

山本との会談の後、蔣介石は同年九月二十九日訪日、十一月七日までのおよそ四十日間、日本に滞在、田中と会談した。蔣介石と山本がかの地で、何を語り合ったか今日、伝わっていないが、〈義〉と〈情〉について議論をかわしただけではあるまいが、訪日のきっかけをつくったのは間違いなさそうである。北伐の完成、すなわち中国統一への理解を求める蔣介石に対して、田中は「長江以南の統一をめざすべきではないか」と強く牽制。それはとりもなおさず「満洲に手を出すな」との警告であり、話し合いは不調に終わった。国民政府軍が満洲に進攻することは、満洲における権益の保護と拡大が国是ともなっていた日本にとって、とうてい容認できることではなかった。〈義〉と〈情〉が通用する世界ではなかったのである。

蔣介石とは南昌（江西省）で会った。当初、三十分の予定が二日にまたがった。「自分は孫中山（孫文）の遺志なり、主張なりをよく知悉《ちしつ》せるものであって、孫先生の日本にたいする考えは、すなわち今日自分の考えである」と淡々と語る蔣介石を、山本は「情と義の人」と評した。二人は互いに好印象も持って別れた。

張作霖と会ったのはその後の北京。山本の単刀直入な質問に通訳が戸惑うたびに、作霖は露骨に不快な表情をした。

拠点を奉天から北京に移してから、外国の外交官と会う機会が多くなった作霖だが、評判はきわめて悪かった。形式を重んじる外交官には作霖は、「礼儀知らずの野蛮人」と映ったのである。しかし山本の印象は違った。山本は作霖を「木曽義仲のような男」と評した。感情を抑えるのが苦手という意味だ。山本ははからずも生地を露呈してくれた作霖に、逆に親近感を抱くと同時に作霖攻略のヒントをつかんだ。山本も枠にはまらない人間。野人、野人を知るということなのであろうか。

ほどなく町野、江藤から前後して形勢好転の報告があった。いよいよ山本の出番だ。山本は満鉄の予算会議もそこそこに、新任の挨拶かたがた作霖に敬意を表すると称して北京に旅立った。

ここまでを見ると、吉田との違いが際立つ。相手の都合よりも日本の立場で強引に押しまくる吉田と、根回しを重ねて行動に移る山本。挫折知らずのエリート官僚と、小僧から叩き上げた商人の違いであろうか。

当時も現在も大連から陸路、北京に行くにはいったん北上して、奉天で乗り換える、終点が北京だ。時刻表を見ると今もおよそ十五、六時間かかるが、当時はもっとかかったろう。いずれにしても長旅だ。

十月八日、午後九時三十分、山本は大連を後にした。もとより専用車だ。参事、秘書らの大勢の随行員に中に北京から事前の打ち合わせに来ていた江藤がいた。奉天から鎌田弥助奉天満鉄公所長、北京公所次長牛島吉郎、山領貞二京奉鉄道顧問らが合流。鎌田は満鉄というより、満洲の生き字引のような男で、日露戦争後の鉄道用地買収はこの男なしには成し得なかった。作霖とも親しく、私邸で行なわれるマージャンの常連でもあった。

車中、山本は休まる時がなかった。ひっきりなしに掛かってくる電話に応答しながら、側近の報告を聞き、ソロバンに目をやり、空いてる手でテーブルの上の用紙に次々と指示を書き込む。

「キミはどの鉄道が必要と認めるか」と聞かれた参事の穂積哲三は、間髪を入れず地図を広げて、敦化《とんか》から図們《ともんこう》江岸に至る線（吉会線）、長春から大賚《だいらい》（長大線）、吉林から五常（吉五線）、チチハルから墨弥根、洮南《とうなん》から索倫《そろん》（洮索線）、新邱から満鉄本線奉天以北の一駅に接続する線、延吉から海林（延海線）に至る七つの線を書き込んだ。それを片目で見ながら、山本は北京に着く前に予算書、建設計画書を日本語と中国語の二通作成するよう指示した。

これが「張・山本協約五鉄道」の叩き台となったのだが、それ以前、山本の総裁就任が決定したとき、山本の軽井沢の別荘で、すでに腹案はできていた。それをなぞっただけのものだが、穂積らは北京に着くまで仮眠をとる暇もなく作業に集中した。随行者で手の空いている者は一人もいなかった。全員が山本の手足となって汗を流した。

十日、北京に到着した一行は北京飯店の三階全室を借り切った。部外との行き来は極度に制限され、終日タイプライターを叩く音、ソロバンを弾く音がフロアーに流れた。

十一日、山本は内外の新聞記者との会見を行なった。冒頭、「すべての交渉は芳沢謙吉公使が行ない、自分は直接関与しない」と事もなげにいい放った。芳沢のメンツを立てると同時に、これから始まる交渉をカモフラージュするためである。

表面は堂々と構えていた山本だが、じつはこの時点でもまだ先は読めていなかった。北京に到着した山本の顔を見るなり、町野が自信のなさげなことをいいはじめたのである。作霖に要求の概略を示したら、「これは日本がロシアと戦争するための鉄道じゃないか」と突き返された。それでも粘って四本の鉄道を認めさせ、「ついでにもう一本」とムリヤリ作霖に筆を取らせて地図に書き込ませたが、作霖の手は怒りで震えていたという。

蔣介石の北伐と日本の山東出兵との板挟みにあって、神経の休まらない作霖にとって、この上、鉄道で振り回されるのはやり切れないというのが本音であった。

しかし、そこが日本にとって付け目でもある。十日夜、山本の前で弱音を吐いた、町野と江藤はひそかに作霖と会った。作霖は二人の顔を見るなり、「山本はどんな用があって、オレに会いにきたのか」と聞く。二人は返事代わりに、中国語で書かれた書類を差し出した。車中で作成した鉄道建設計画書である。

しばらく書類に目を置いていた作霖は、額に青筋をたて、小刻みに瞬《まばた》きしたかと思うと、「バカ、こんな要求に応じられると思うか」というなり書類を投げ出した。「できなければ、われわれに大きな決心がありますよ」と食い下がる二人を尻目に、「勝手にしろ」といい放って奥に入ってしまった。

作霖は怒りが頂点に達したとき、額に青筋を立てる。そんなときは傍が何をいっても聞く耳がない。そんな場面を何度となく見ている二人は、このことは山本の耳に入れないことを申し合わせて引き上げた。

翌日、山本から「昨夜はどうだった」と聞かれ、「大丈夫です」と答えたものの、まったく大丈夫ではなかったのである。作霖の性格には極端な二面性があった。闊達な気性の裏腹に激しく移ろいやすい感情とである。この厄介な性格が側近たちを悩ませるのである。

午後、予定通り山本は紫禁城に作霖を訪ねた。作霖は山本を出迎えもしなかった。二十分近く待たせたあげく、姿を見せた作霖は、山本のほうは見ようともせず、「お掛けください」といって目を伏せた。だが、山本はそんなことは意に介さない風に快活な口調で「アンタとオレが真に胸襟《きょうきん》を開いて手を握り合ったら、東洋はもちろん、世界の平和に貢献できる。国と国とか外交がどうとかいう話は抜きにして、一つ二人で一か八かの話をしよう」といい、「お近付きの印に、私からお願いがあるのだが、ぜひ承知してもらいたい」と、例の書類を差し出したが、作霖は手にしようともしない。

気が気でない町野が「これですよ」といって書類を作霖の手に握らせたが、目は明後日のほうを向いたままである。「どうですか」と促《うなが》すと、細い声で「よろしいでしょう」の一言。昨夜の「大きな決心がありますよ」の一言が効いたのである。大きな決心とは武力行使にほかならない。蔣介石から脅かされている今、日本と敵対すると築き上げた満洲を失うことになる。

とにもかくにも作霖から言質《げんち》を取った以上、長居は無用とばかり山本が立ち上がった。追い掛けるように町野が「細目の話はどうしましょうか」というと、「楊《よう》（宇霆《てい》）と打ち合わせてくれ」といい残して作霖は奥に消えた。

山本が座り直したところに、作霖と入れ替わって楊が姿を見せた。楊は書類を手にするなり、「これは酷い。この前、芳沢公使から同じ話があって、全部断わったから、せめて半分ぐらいかと思ったら、よく張大元帥が承諾されましたね」とあきれ顔をしたものの、作霖から指示があったのか、「あなた方の要求を入れるかわりには、われわれの要求も聞き入れてもらいたい」と膝を乗り出した。話はまとめる方向に歩きだしたのである。

新たな要求は借款の利率であった。従来、借款の利率は一割であったが、それを払い続けるのは政府の財政上苦しいので七分に下げてほしい、それも過去にさかのぼってというのであった。しかし、借款の利率を下げる権限は満鉄総裁にはない。だが山本は、あっさり「よろしいでしょう」と承諾。出資者は横浜正金銀行、日本興業銀行、朝鮮銀行などで、利率を決めるのは日本政府。即諾したのは、山本はそこまでの権限を田中から与えられていたのであろうか。

ホテルに帰って、スタッフ総動員で書類の修正にとりかかり、その日の午後十一時、手直しされた書類を江藤と鎌田が作霖のもとに持参した。先客があって深夜二時まで待たされたが、作霖は正装して二人を迎えた。

これぞ山本流、野人外交

以上が第一ラウンドである。

十二日は作霖主催の招宴だ。場所は紫禁城の懐仁堂。作霖が自慢のコックに命じた山海の珍味と二十余年貯蔵の美酒とで内外の賓客を招いた。

もとより主賓は山本。昨日と打って変わって作霖は陽気に振る舞った。宴席が一段落した後、山本、芳沢と作霖、潘《はん》国務総理とが奥まった部屋に入った。食後の歓談ではなく、昨夜の続き、協約の詰めである。その最中、どういうことなのか山本がイビキをかいて寝てしまった。まわりはハラハラするばかりだが、作霖は動じた様子もなく、側近の者に毛布をかけてやるように命じた。

後日、山本は「うん、オレが目を覚ましたら、オレの顔を見てにこにこ笑っていたよ。天下の野人談ずるに足りるとでも思ったのだろうよ」と破顔一笑したという。

翌日、一行は北京を引き上げ、大連に帰ることになっていたが、新たに潘国務総理から招待を受け、断わることもできず、列車の時間をずらして午後八時十五分発とした。ところが午後になって、新たな難題が発生した。鉄道が利益が出るまでは無利子にしてほしいと中国側から要求があったのである。

山本はこれも飲んだ。ここまできた以上、一気に正式契約にまで持ち込んでおこうという腹なのである。役人にはできない芸当だ。山本は鎌田、江藤、町野を従えて、作霖のもとに乗り込み、協約に署名を求めたが、作霖はなんとかかんとかいってサインを渋った。やはり作霖は只者ではなかった。しかしいつまでも北京にとどまっておれない山本は、作霖から一札とって、江藤、町野と協約の作成者である参事の穂積に後事を託して、ひとまず大連に引き揚げることとした。一札とは、

拝啓山本社長来京それ具《つぶさ》に彼我の意見に対する尊意を述べられ、東省鉄道の事項に関して打ち解けたる談話を交換致候。誠意を以て協議し円満解決を切望するにつき、既に当局へこの主旨に従い進行以て睦誼を厚くするよう命令致候。只今山本社長帰国につき閣下に面晤《めんご》するよう御依頼致置候。

昭和二年十月十三日　　　　　　　　　　張作霖

田中総理閣下

山本が北京を後にした翌々日の十五日、楊宇霆、町野、江藤立ち会いのもと、ともかく協約が成立した。いわゆる張・山本五鉄道協約である。

〈協約〉

支那政府（以下、政府と称す）と南満洲鉄道株式会社（以下、会社と称す）との間に左の条項を協約す

第一条　政府は会社に左記五線の鉄道建設を請負はしむ。工事は請負契約調印後直ちに之れを施行す。請負金額は別に之れを定む

一　敦化より老頭溝を経て図們江岸に至る線

二　長春より大賚《だいらい》に至る線

三　吉林より五常に至る線

四　洮南より索倫に至る線

五　延吉より海林に至る線

第二条　各線工事完了後引渡しは請負金額を会社に支払うを可し、若し支払わざるときは洮昂線工事請負契約の例により借款と為す。但し利息は別紙借款利率及び附件協約による

（第三条　以下第十条は略）

〈借款利率及び附件協約〉

第一条　利率は年八分とす。

但し当該鉄道の利益金（利益金とは総収入より利息を含まざる総支出を差し引きたるものとす）が毎年借款額の百分の五に達するまでは借款利率を年五分として利益金が百分の五以上百分の八に達するまでは、その利益金より年五分の利息を支払い、その余剰額の半額を利息として支払うものとす

第二条　各線に会計主任として日本人を傭聘《ようへい》す。会計主任は本鉄道に関する一切の収支を管理し日本鉄道に関する支出に付鉄路局長と連署す。

〈借款利息別約〉略）

ジャンケン・ポン

山本の四日の北京滞在で多くの収穫を得た。大連に戻った山本は、最高にご機嫌だった。

しかしこのとき、東京の官邸では一騒動が持ち上がっていた。頭越し外交に腹を据えかねた外務省が、田中に山本の譴責《けんせき》（戒告）処分を求めたのである。山本は表向き芳沢を立てたものの、交渉に入ると芳沢は終始カヤの外、体よく利用されただけだった。突き付けられた譴責文を手にした田中は、「これでは山本に辞めろといってるようなものではないか」と怒気をあらわにした。首相兼外務大臣に一喝されては外務省

も黙るしかない。結局、山本の譴責問題は沙汰止みとなった。外務省が途中からでも介入していたら、おそらく協約は成立しなかった。

山本外交の成功の一因は、町野、江藤という、いわゆる中国通が介在したことにある。町野はれっきとした陸軍少佐で、江藤は孫文、渋沢栄一が役員に名を連ねる企業の常務だが、二人には大陸ゴロと見境のつかない一面があったのも事実で、外務省がもっとも忌み嫌う存在であった。しかし外交官と違って、彼らは作霖の官邸に裏口から出入りでき、アポなしで側近と会うこともできた。そして硬軟両面を使い分けて作霖と周辺を揺さぶったのである。野人には野人というやり方である。木曽義仲に公家の作法は通じないという山本の作霖攻略法が当たったということである。

十月十一日、同年春以来、二度目の対面のとき、山本はいきなり作霖の面前にゲンコツを突き出し、キミ、オレといったくだけた口調で「日満関係の懸案もジャンケンで片をつけようじゃないかと」と切り出して作霖を驚かせた。外交作法にはない奇策である。

「キミ、満洲の広い原野に電柱の一本二本立てるのに、何をグスグスいっているのか。キミとオレとがジャンケンで片をつければいいじゃないか」

当時、満鉄は大連・長春を結ぶ満鉄本線、奉天・安東を結ぶ安奉線など約一一四四キロの路線を運営、管理していたが、沿線のいわゆる鉄道附属地の内側にしか、鉄道用の電柱が立てられなかった。この協約が結ばれた一九〇七年当時はそれでよかったが、業務が拡大するにしたがってそれではすまなくなったが、中国側は協約を盾に頑として認めなかった。

「わかった。ジャンケンするまでもなく、この勝負、オレの負けだよ」

こうして二十年来の懸案が、山本の振り上げたコブシ一つで解決したのである。

これぞ山本流。田中が「山本条太郎を満鉄にやって大芝居をやらせたい」といったのは、電柱問題は小事ではあるが、こういうことであった。

すべては水泡に帰した

しかし張・山本協約は外交権のない者同士の、いわば裏取り引きで国際法上問題があった。田中は公式な協約に改めさせるよう芳沢に命じた。

だが、肝心の作霖がぐらつき始めた。中国の世論は北も南もあげて反日一色。日本のいいなりになったと知れれば、地元の奉天といえども安泰ではない。その上、両腕とされる楊宇霆、常蔭槐《じよういんかい》が事の成り行きに不満を募《つの》らせていた。

事実、はかばかしくないニュースが続いた。敦化から図們江岸に至る線、長春から大賚《だいらい》に至る線は吉林省内であることから、作霖は吉林省督弁張作相を契約者としようとしたが、作相が首を縦に振らない。省長代理を北京に呼び寄せて調印させようとしたが、これも母の喪中を理由に動かない。

そうこうしているうちに、長江一帯を平定した蔣介石の国民政府軍が北京に迫ってきた。作霖の落日は、もはや時間の問題となった。ここで再び山本が動いた。手をこまねいていたら、これまでのことがムダになる。ここが最後の踏ん張りどころなのである。

一九二八年五月七日、延吉・海林線、洮南・索倫線、五月十五日、敦化・図們江岸線、長春・大賚線の建造請負契約を強引に取り付けた。残る吉林・五常線は後日、奉天において調印する手筈が整った。

五鉄道のうち四鉄道が実現に向かって一歩前に進んだのである。さらに山本は北満鉄道にまで触手を延ばした。北満鉄道は当時、ソ連の管理下にあったが、これを買収して日中共同で経営しようというのである。かねてから北満鉄道が目障《めざわ》りでならなかった作霖は乗り気だった。経済的メリットもさることながら、北満から共産勢力を追い出す願ってもないチャンスでもあった。作霖は共産党が嫌いなのである。

山本は駄々をこねる作霖を川辺に連れて行って、一口、水を飲ませた。後は首根っ子を抑えてでも満腹するまで飲ませるつもりであったし、その自信もあった。そこまでやらなければ満鉄総裁になった意味がない。

五月三日、済南（山東省）で日中両軍が衝突した。済南事件だ。北伐の足を止められた国民政府軍は矛先《ほこさき》を天津に向けた。北京と天津は指呼の間、いよいよ作霖の足元に火がついた。日本は作霖に北京を放棄して、奉天に引き揚げるよう勧告。渋る作霖を芳沢が説得して六月三日、作霖は北京駅から京奉鉄道で奉天に向かった。

翌《あく》る四日、午前五時三十分、作霖が乗った列車は皇姑屯駅を過ぎ、満鉄線とクロスする地点で爆破され、当時、いわれたところの満洲某重大事件発生である。

作霖の被災の報《しら》せはその日の朝、大連の満鉄本社にもたらされた。重役会議の最中であった。

「もうこれで、自分が満洲に来て、今日まで計画し、今後なさんとしたことは、全部水泡に帰した。田中内閣も近く土崩《どほう》瓦解だ」

作霖の死が公になったのは二十一日だが、なぜか山本は死を確認していたかのようだった。次の指示が欲しい者たちに、「しばらく待て」といって沈黙したという。

満洲の次の主がだれになるかが決まらない今、鉄道問題はとりあえず打つ手がない。それに山本には、もう一つ火急の問題として鞍山製鉄所を軌道に乗せることがあった。

ここで生産される鉄は、満洲、日本の需要を満たすだけでなく、将来は中国本土にも輸出する計画で、山本は鞍山製鉄所を東洋一のものと位置づけていた。

一方、敦化・図們江岸線、長春・大賚線の起工日は八月十五日に迫っていた。時間がない。山本は奉天に常駐していた斎藤良衛理事にハッパをかけ、江藤、町野に加えて土肥原賢二大佐まで動員。特務のエキスパートである土肥原の強面《こわもて》は中国では鳴り響いていた。山本はそれさえも利用しようとした。後継者に学良がなるのは、もはや動かぬ事態となった。

作霖爆殺から四日後、国民政府軍は北京を占領、「北京」を「北平」と改めた。蔣介石の悲願である全国統一は、東三省（満洲）を残すだけとなった。日本を取り囲む中国の情勢は一変した。父を殺害され、日本への憎しみを募らせる学良と蔣介石との結びつきは自然の成り行きであった。学良は七月三日、蔣介石によって安国軍の総指揮官に任命され、東三省の支配者に認定された。作霖が日本の力を背景としたのに対して、学良は蔣介石を背景として満洲の王座を守る腹だ。満洲の反日気運は日に日に高まった。

学良は鉄道交渉の窓口を東北交通委員会一つに絞って、日本に対して一段と強い態度に出た。以下が学良が日本側に提示した条件である。

一　建設は中国側が請け負う。
二　利子を北京での取り決めより下げる。
三　長春・大賚線、長春・吉林線、吉林・敦化線、敦化・図們江岸線契約を一つにする。
四　満鉄の権限を縮小する。

日本の建設業者を締め出した上に、利子は六分五厘。しかも過去のさかのぼって適用され、満鉄の口出しは無用といっているのである。契約継続の形を示しながら、窓口を閉じたに等しい。中国に鉄道が建設できる技術のある会社はない。ということは、アメリカなどの外国企業に丸投げすることになる。さらに満鉄の権限を縮小するに至っては、日本は金を出すだけで何の見返りもないことになり、とうてい飲める条件ではない。

山本は、「満鉄の傍系諸事業を分離独立せしめ、日中合弁、または外国をも交えた合弁で経営してゆく方針である。中国人も外国人もこの真意がわかったら共存共栄の実現に協力するであろう」との声明を出し、何とか流れを止めようとしたが、学良は、「かかる重大問題は中央政府の所管にすべき」と突き放した。

交渉の場が奉天から北京に移るのは時間の問題となった。それでも斎藤は諦《あきら》めず、最後まで学良に食い下がった。二人の直接交渉は三時間に及ぶ熱のこもったものとなったが、学良が出した結論は、「日本の申し出を承諾することは到底《とうてい》できないが、日本側で鉄道建設を強行するならば、あえてこれを差し止めない」と突き放したものとなった。「やるなら勝手にやりなさい」というのである。交渉決裂である。

幻に終わった経済同盟、攻守同盟

ここまでを振り返って、山本は、実際にどんな手を打ったのか、再度、検証してみたい。ジャンケン勝負を挑んだ後、山本と作霖のほかは側近だけの状況で、こんなやり取りがあった。

山本「日中両国の親善は、亜細亜全局の平和に欠かせないというのが日本の世論である。しかし巷間《こうかん》伝わるところの、いわゆるわが対満蒙積極政策が、貴国の官民に一種の疑惑を生ぜしめたのは遺憾である」

作霖「それについては余もまたすこぶる遺憾とするところである。余が過去十数年間、日本に対して平和的交友の保持を根本方針としたのは、日本官民一同の認めるところと思う。しかるに余の意図を解せざる一部の者が、さきに奉天にて排日運動を起こし、しかもその背後に暗に余及び奉天官憲あるがごときに至っては誠に心外に堪えぬ」

序盤はジャブの応酬。

山本「先般就任の挨拶かたがた東三省各地を視察したところ、その政治的及び経済的発達の異常なるに驚いた。例えば路傍に立てる子女の服装を見ても、今春遊歴の南支各地のそれとは雲泥の相違で、これは東三省が支那の他の地方に比して、平和に恵まれていることを証するものである。すなわち国利民福が実現されているのである。これは一に貴下二十年来の声望と、官憲の統制よろしきを得たためである」と持ち上げておいて、

「しかしこの満洲、蒙古一帯及びその他には、なお多く開発されざるところがあるから、さらに一層政治的に善政をしかれるのみならず、経済的発展に努力されんことを切望する。なかんずく鉄道敷設のごときは緊急の重要課題であって、もしこのために後援の必要あれば、満鉄会社は十分努力するにやぶさかでない」というべきことをいっている。

作霖「御説いちいちもっともである。特に貴国の事情と経済状態を知る余においては、特にしかりと感じる。しかし識者はともかく、一般民衆は事態の真相を究《きわ》めずして、ややもすれば漫然と対外問題を政治問題化せんとする気配の濃い今日であるから、

実際問題としてこの点了解願いたい」とはいって、裏で民衆を煽っているのは作霖なのである。

山本「米国内に四通八達せる鉄道とても、元は外国の資本で完成せるものであり、日本の現在の外債二十五億円も、また主としてかかる方面に消費されている。一国の公共事業にして、将来国家のために有利有益のものであるならば、外国から借款してこれをなすことは、世界各国その例に乏しくない。国民はこれに反対する理由はないはずである」

作霖「いかにもそのとおりだが、お互いに根本理念に了解さえあれば、これが実行はおのずから時期と方法がある」と最後にきて会話は噛み合ってきたが、「実行はおのずから時期と方法がある」はいわくいいがたしである。

十月十三日、山本が北京を発つ午後八時十五分発になっても、駅に山本が姿を見せない。

このとき、山本はまだ作霖と向き合っていた。別に名残りを惜しんでいたのではない。山本にはやるべき最後の仕事が残っていた。山本は握手する傍《かたわ》ら、ポケットから紙をだして作霖に握らせた。その紙には日本と満洲が経済同盟を結ぼうと書かれてあった。そして次の段階では、さらに一歩進んで攻守同盟を結ぶ構想が、山本から作霖に伝えられたのである。満洲がソ連の侵入を受けたら、日本は作霖が満洲に持っている兵と同等の兵を満洲に派遣し、協力して満洲を守るというのだ。

これはその場に居合わせた江藤が後日、明かしたことだが「絶対に口外してはならぬ」と厳しく口止めされたという。作霖の反応は「大賛成であった」とあるが、本当のところはわからない。山本は帰国後、田中に報告し、元老西園寺公望を通して御前会議に持ち込むつもりでいたというが、今日このことを証明するものは残っていない。

しかし、強い立場の国が弱い立場の国に持ち込むいかなる種類の同盟関係も公平であることはありえない。そんなことはわかっているはずの作霖が賛成したとは信じがたいが、作霖が紙を受け取ったのは江藤が目撃している。

山本は北京駅に向かう道すがら、江藤に「これができれば満洲を買い取ったも同じだ」と洩らしたという。本音であろう。

山本は戦《いくさ》をせずに満洲を乗っ取ろうとした。河本はそんな手間のかかることはご免とばかり、作霖を殺し武力で事を解決しようとした。河本も石原もやったこととの本質は変わらない。河本は武力だけでは事は成就しないという教訓を石原に残した。石原は河本の失敗に鑑《かんが》みて、満鉄の協力をとりつけ、満洲青年連盟を抱き込んで日本国内、満洲の世論を味方につけた。石原の戦略の妙はあったにせよ、満鉄と満洲青年連盟の協力なくして事変の成功はありえなかった。

一九二九年七月二日、田中内閣は張作霖爆殺事件の責任をとって総辞職。同日、民政党浜口雄幸内閣が誕生した。八月十四日、山本は松岡副総裁と共に、志を遂げることなく総裁を辞任、満洲を去った。後任の総裁仙石貢は春風駘蕩を思わせる人柄であったがアル中であった。山本からの申し送り状を懐《ふところ》に奉天に乗り込んだ仙石だが、学良との会見で実りは得られなかった。仙石の態度があまりに説教がましかったことから、学良は仙石を避けるようになった。

山本がつかみかけた成果を、河本が吹き飛ばしたという見方は間違っているだろうか。

かくして満洲の主役は吉田から山本へ、さらに河本大作から石原莞爾へと入れ替わるのである。いよいよ事変の核心である。

第四章――決断

河本にとって満洲は初陣の地であった

明治・大正を代表する作家森鷗外は軍医だ。森林太郎（鷗外の本名）は作家になる前から軍医だった。そし軍医としての最高位（陸軍軍医総監）を極めた。偉い医者なのである。森が専門の軍事衛生学の分野で権威となりえたのは、日清、日露の両戦争に参加したことと無関係ではない。戦場という最悪の環境が、嫌でも彼を医者として成長させたのである。

森は第二軍の軍医長として、一九〇四年の日露開戦当初から講和が成った、翌年の一九〇六年一月まで満洲にいた。森は最前線の野戦病院に在って、毎日が脚気、凍傷との戦いであった。

彼が定期的に上官に提出した戦傷者名簿（「第二軍軍医部長報告」）の中に河本大作（第四師団歩兵第三十七連隊少尉）の名がある。他に斎藤恒（第三師団歩兵六連隊大尉）、三宅光治（第三師団歩兵第三十三連隊中尉）、松井石根（同歩兵第六連隊大尉）らの名も。

斎藤は張作霖爆殺事件のときの関東軍参謀長で、河本はそのときの高級参謀。三宅は斎藤の後任の関東軍参謀長で満洲事変時の参謀長。松井は南京大虐殺事件時の中支方面軍司令官であったことからA級戦犯として処刑となった。

これはたまたまそうなったのではなく、職業軍人を選択した彼ら世代が、必然として辿るプロセスであった。三人は若手バリバリの尉官として小、中隊を率いて最前線で戦ったのである。河本は日露戦史に残る首山堡の戦いで貫通銃創の重傷を負った。

彼らが後に満洲でやったことは、こうした過去を抜きには語れない。彼らにとって初陣が満洲、そしてその満洲で自らの血を流した。彼らの満洲はそこから始まったといえば、感傷と受け取られかねないが、通常の人間感覚として、十分に理解し得ることである。しかも負け戦ではなく勝ち戦である。満洲を勝ち取ったのは、自分たちだという意識がある。高校球児にとって甲子園が特別なように、いやそれとは比較にならないぐらい、彼らにとって満洲は意味のある地なのである。

高級官僚、あるいは特殊会社のエリート社員として、数年間、満洲生活を経験した程度の人たちと、根本において異なることを、われわれは理解せねばならない。

河本は一八八三年、兵庫県に生まれ、一九五三年、戦犯として中国に拘留中病死、七十年の生涯を終えた。張作霖爆殺事件のときは四十五歳の分別盛りであった。

河本の人生は大陸に始まって大陸に終わった。日露戦争後も志願して満洲に留まった河本は、一九一五年漢口（司令部付参謀、少佐）、一九二一年北京（公使館付武官、中佐）、一九二六年旅順（関東軍高級参謀、大佐）と大陸各地に勤務。日本に在った期間も一九一八年から参謀本部第二部支那班、一九二三年からは支那班の班長であった。軍人として大陸と関わりのなかったのは、関東軍に転出する直前の小倉歩兵第十四連隊時代のわずか一年七ヵ月でしかなかった。

事件後、軍籍を離れた河本は満洲に戻り、満鉄理事、西安炭鉱理事長、満洲炭鉱理事長、山西産業社長（山西省）などの要職を歴任し、没するまで長きにわたって大陸でその存在を示した。

満鉄理事がどんなものかというと、高級住宅と複数の雇用人が与えられ、生活費は現地手当てで賄《まかな》えた。月給、ボーナスに手をつけないで一期数年務めると、東京の山手線の内側に邸宅が建った。

満洲に骨を埋める覚悟の河本は、東京ではなく、大連の高級住宅街の南山に家を建てた。その家は現在もある。高級住宅が居並ぶ中でも際立つ豪邸で、戦後、しばらくは高級ホテルの別館として使用されていたが、さすがに古くなった今は厨房《ちゆうぼう》関係の施設となった。

河本が満鉄理事に就任したのが一九三二年。一九三四年に満鉄系、本渓系を除く、満洲すべての炭鉱を統合した国策会社満洲炭鉱の理事長に横滑りし、一九三七年、満洲重工業に吸収されるまでその地位にあった。河本の名誉のためにいっておくが、彼が猟官活動をやったことは生涯にただの一度もない。請われて行くのである。軍人あがりの河本に経営手腕があったとは思えないが、人間性も含めて人を引きつける、何かがあったのであろう。

河本と甘粕正彦

余談のようだが、満洲にはもう一人、不可解な人物がいた。大杉栄殺害事件の決行者・元憲兵大尉甘粕正彦だ。甘粕が刑期を残して出所、フランスに渡り、人知れず満洲に姿を見せたのは一九二九年四月、満洲は作霖殺害の余燼《よじん》が燻《くすぶ》る混乱の最中にあった。甘粕は大川周明の縁で満鉄の禄を食み、奉天憲兵隊の官舎に起居しながら、奉天憲兵分隊長三谷清の下で東奔西走したらしいが、何をしていたか正確なことはわかっていない。一説によれば、質のよくない満洲浪人を放逐するのが彼の仕事だったという。後述するが、三谷は事変で石原が最も頼りにした男の一人で、事変後、甘粕が表社会で頭角を現わすことと、三谷との結びつきは無関係ではない。筋金入りの憲兵の甘粕は、三谷にすればこれ以上ないパートナーであった。

石原は甘粕が好きではなかったらしい。石原は有害無益、壮士気取りの満洲浪人を唾棄《だき》していた。当時、奉天の混乱に拍車をかけていたのは、政情不安を飯の種にしていた浪人連中で、石原は彼らを満洲から一掃することも事変のための下地作りと考えていた節がある。そのために甘粕を利用したのであろう。甘粕の禄のことだが、三谷は毎月、大川から二百円の送金があったと証言している。当時、大川は満鉄の要職(東亜経済調査局課長、後に理事長)にあったことから、満鉄の経費から捻出したのだろう。一流銀行員の初任給が七十円の時代の二百円である。ちなみに河本が浪人したとき、いち早く自分の組織(「神武会」)に賓客として迎え入れたのは大川。

しかし、殺人(?)を犯して満洲に逃れてきた甘粕が協和会総務部長(一九三七年四月)、満洲映画協会理事長(三九年十一月)と日の当たる道をかけ登ったのは、満洲はそういう顔(強面?)を必要とする土地柄であったことを物語っている。なにしろ付属地を一歩出れば外国（中国）。日本人は全満人口三千万余に占める割合は三パーセントを越えたことが一度もない、圧倒的少数民族でもある。千人のうち九百九十七人が異国人の中で暮らしてみれば、河本や甘粕のような男を頼りにするのもわかるような気がする。映画『カサブランカ』に見られるように、二十世紀頃の植民地の実力者は、かならず裏社会に通じていた。それは洋の東西を問わない。満洲が甘粕や河本に求めていたのはそういう役回りであったのかもしれない。

時代を作った支那通と呼ばれた軍人たち

話は戻るが、山西産業の話を河本は一度は断わる。残された時間を大連で家族と共に静かに過ごすつもりでいた。しかし、時局はそれを許さなかった。山西産業は製鉄、製粉、製紙、紡績、煙草など三十四の会社を総括する巨大国策会社で、これを背後で操《あやつ》っていたのが日本の北支派遣第一軍で参謀長が花谷正。事変の際の関東軍参謀として派手な役回りを演じた花谷が、三顧の礼で河本を迎えたのである。

北京の西に位置する山西省は北支で最大勢力を誇る軍閥閻錫山《えんしゃくざん》の地盤でもあり、軍が表に立つと何かと不都合なことから河本に白羽の矢がたった。閻錫山はかつてのライバル張作霖を殺害した河本を、どんな気持ちで迎えたかは忖度《そんたく》するしかないが、二人の間には奇妙な紳士協定が生じ、それは終戦後も損なわれることはなかった。戦後の一九四六年に始まった極東国際軍事裁判（東京裁判）で国際検察局は、中国・山西にいる河本の身柄引き渡しを中国に要求したが、閻錫山がこれを拒んだ。河本は国際検察局の戦犯リストに載っていなかったから召還されても裁判にかけられることはなかったが、国際検察局は河本の口から何かを聞き出そうとしたのであろう。河本は後に中国当局に取り調べられて供述（後述）しているが、この時、出廷していたら、何を語ったであろうか。

河本を満鉄理事に推挙したのは荒木貞夫、本庄繁、十河信二。本庄は事変のときの関東軍司令官、事変時、満鉄理事だった河本は板垣と気脈を通じ、関東軍を強力に後押しした一人で、河本を自分の後任（十河は満洲炭鉱の初代理事長）に据えたのも十河。ついでにいえば一九五六年、東京・青山斎場で行なわれた河本の告別式を取り仕切ったのは十河である。

そしてそもそも河本に「山西に来い」と声をかけたのは、支那駐屯軍司令官の多田駿中将。多田は河本とは陸大の同期で河本の妹婿。また石原莞爾とも近く、盧溝橋事件では石原と共に不拡大を主張した対支非戦派だ。

こうしてみると事変後の満洲、中国における人事にある流れのあることが読みとれる。支那通軍人といわれる人脈である。支那通を今日風にいえば中国問題の専門家、スペシャリストということになろうか。

そもそも支那通とは何か。日清戦争後、中国は大敗北に鑑《かんが》み日本の軍の機能をとりいれるために日本から軍人を招き、各地の軍学校で軍事教育にあたらせた。彼らは派遣将校、情報将校、あるいは駐在武官とも呼ばれ、そこで培《つちか》われた人間関係が日本と中国のパイプとなり、善くも悪しくも日中関係に強い影響力を駆使した。古くは清朝末期の実力者・袁世凱の顧問となった青木宣純、柴五郎、寺西秀武、坂西利八郎、多賀宗之らを始めとして、以降、日中戦争にいたるまで、大陸で名を馳せた軍人は例外なしといえるほど、直接間接に彼ら先人の薫陶を受けた。

「支那人は自己の為にはたちまち雷同するも、国家に対する共同心を欠くは統一上の大欠陥なるべし」（多賀宗之）、「支那今日の乱脈と困憊《こんぱい》とを来した原因は、北京では軍閥に政治的主張がなく、ただ地盤を拡張し、自分の兵隊を養うがため、あるいは土地を占めるということのために他を顧みざるためである」（坂西利八郎）といった中国観が罷《まか》り通った時代である。

今でこそ笑えるが、河本も石原も少なからず、彼らの影響を受けたのである。

事件時、河本の上司だった斎藤恒関東軍参謀長は北京に在って長年、青木宣純の補佐役を務めた、いわばバリバリの支那通である。その斎藤が事件一年前の一九二七年に陸軍次官畑英太郎に宛てた「当軍司令官の対満蒙政策に関する意見書」と題する文章には、〈支那人は類人猿なり〉とか〈外国人の接する支那人は支那人にあらず。むしろ外国人に近し〉〈この偽支那人の言を信じて行なう外交の危険、之れなり〉〈支那人は統一の力なく。従って政府は国民を統一し得ず〉と中国人蔑視の言葉が並ぶ。張作霖爆殺事件の時代背景として理解しておく必要がある。

だが、現実の中国は時代と共に変わっていた。支那通軍人も、世代が移るとその変化に気づいていたが、旧《ふる》い概念に凝り固まった指導層の認識を変えるにはいたらなかった。

『ある情報将校の記録』（塚本誠著、中公文庫）にこんな記述がある。塚本は陸士を出た後、憲兵に転身。長らく上海憲兵隊に勤務、終戦時は東京憲兵隊司令部高級部員だった。

「陸軍の中国に対する情勢判断には往々にして的確な情報の裏付けがなく、その情報も科学的な分析に欠ける憾《うら》みがある。（略）これらの武官には自分の経歴、主観に基づいて、ややもすると政治的に中国を見る人がいるのみならず、その任期が二年前後で、ようやく武官が現地の事情がわかりかけたころには転勤になる。（略）現に今度の上海戦では中国軍に対する情勢判断の甘さが問題になっているが、これなどは軍の情勢判断に一貫した科学性がなかつた結果にほかならない」

盧溝橋事件の直後、上海にいた塚本が、中央から派遣された岩畔豪雄《いわくろひでお》中佐（当時陸軍省兵務課高級課員）にかく進言したが、効果があった確証は得られなかったと、本人はいうが、陸軍省内に特別な諜報機関が設けられ、中野学校が創設されたのも、この後のことだった。

斎藤恒、河本大作、本庄繁、土肥原賢二、板垣征四郎、石原莞爾ら張作霖爆殺事件、満洲事変の当事者はもとより、当時、陸軍中央の指導的な立場にあった将官の多くは、支那通、もしくは旧い支那の概念を捨てきれない者たちといって過言ではなかった。あれだけの事件を起こしながら、河本が軍事裁判にかけられることもなく、その後も華麗な遍歴が続けられたのも、背景に支那通軍人の存在があったからといえる。そして改めて指摘するまでもなく、作霖爆殺から満洲事変、さらに盧溝橋事件、日中戦争という流れを作ったのも、中国通軍人の誤った中国認識なのである。

戦前、論客として異彩を放った石橋湛三はこう語る。

「思うにかように我が国人が、支那国民の愛国心を無視する習慣を作ったのは、清朝末期の政治的崩壊時代の支那人をいつまでも支那国民なりと誤解せるによろう。今日中華民国の建設に奔走しつつある青年支那人は、例えば明治維新当時新日本の建設に奔走せる日本人が、徳川幕府の廃頽せる政治の中の酔生夢死せる日本人とは異なった日本人であった如く、また清朝時代の支那人とは異なるのである」(昭和六年九月二十六日・十月十日号東洋経済新報社説『満蒙問題解決の根本方針如何』)

河本はいつ事件を決意したか

河本が関東軍高級参謀に赴任したのは一九二六年三月。久しぶりに満洲の地を踏んで驚いたのは、あまりにも過激な排日行為が日常化している現実であった。

このままでは満洲における日本の権益は、近い将来消滅しかねないとの危機感に襲われた河本が、まず考えたのは張作霖を排除し、彼に代わる親日政権を擁立することであったが、まだ殺すまでは考えていなかった。

河本はいつ犯行を思いついたか。河本の三女の河本清子によれば、河本についての伝記、手記は数多く残っているが、本人が断片的にしゃべったことを人がまとめたものので、本人が書いたものは一つもないという。だからといって中身がウソというのではない。

伝記の一つ『赤い夕陽の満州野が原に』の著者相良俊輔は、殺害を決意したのは、日露戦争の古戦場として名高い爾霊山《にれいざん》（旅順）を望んだときではないかと推測している。

「晩秋の爾霊山の頂きから吹き下ろす、啾々たる風の音を、河本は成仏できない英霊の哀怨の声ときいたのである。河本を責める鬼哭《きこく》の叫びと聞いたのだ」

いかにも作家の文章で〈作られた〉との印象は拭えないが、ありうることだと思う。河本は日露戦争の生き残りなのである。「十万の生霊、二十億の国帑《こくど》（国庫金）」の犠牲によって手にした満洲の権益が、今、張作霖によって済《な》し崩しにされようとしている、まさにそのときであったからこそ哀怨の声、鬼哭の叫びに聞こえたのである。

当時、河本は旅順にある関東軍高級参謀の官舎に家族と共に住んでいた。日露戦争で名将の名をほしいままにしたロシアのコンドラチェンコ将軍の官邸で建物は、今もある。二階のバルコニーから爾霊山（二〇三高地）が望める。

河本は爾霊山を望みながら、かねて座右の銘としていた「命も要らず、官位もいらぬ人は、始末に困る人なり。この始末に困る人ならでは、艱難をともにし、国家の大業は成し得られぬなり」との西郷隆盛の教えに倣《なら》って「始末に困る人になろう」と誓った。

一九二七年十一月十九日、河本が計画を決行するおよそ半年前のことである。

河本は軍籍を離れてからも、「満洲事変の筋書きは自分が書いた」と公言してははからなかった。事実かどうかはさておくとして、影響を与えたのは確かである。石原は河本の失敗から、いろんなことを学んだ。それは後述する。

河本のもう一つの伝記『満洲の陰謀者』（平野零児）にこんな場面が出てくる。

「鴨緑江の鉄橋を爆破して、関東軍が独立するのです。そして小国家を作って日本からも中国からも独立するんですよ。そうすればわれわれの行動は、中央から制せられることもないし、英米が日本に苦情を持ち込むこともできないでしょう。あとはわが独立国家が善処しさえすればよろしい。全中国に及ばんとする赤化も、やがては日本にも伸びようとする赤化を防げる、一挙両得ではありませんか」といって、河本は武藤信義の顔を見つめた。

関東軍司令官武藤のお供で東方会議に向かう途次のこととあるから、一九二七年六月上旬、先の旅順での決意の少し前だ。

満洲と朝鮮半島とは陸続きだから、鴨緑江の鉄橋を爆破したところで、日本と切り離せるものでもないが、河本にはこんな体験があった。

日露の講和が成立した後も、日本軍はロシアとの再戦に備えて、すぐに撤退しなかった（ロシアもだが）。河本の所属する第十四師団は安奉線（安東・奉天）の警護にあたることになり、河本は安東の北三十キロ余の湯山城の守備隊長を命じられた。その名のように鄙《ひな》びた温泉地で、元来が放蕩者の河本は退屈をもてあまして、ヒマがあれば安東の遊里に遊びにきた。高級料亭「すみれ」に入り浸り、遊び疲れると鴨緑江にやってきて鉄橋の袂《たもと》にあるトーチカの銃眼から対岸の朝鮮（新義州）を眺めているうちに、前記のような発想に到ったと考えられる。

朝鮮は半島だから大陸とは陸続きだが、西は鴨緑江で、東は図們江《ともんこう》で分断されているが、長白山の山裾は半島に広がっている。河本がそのことを知らないはずはないが、「この鉄橋がなかったら」という発想が湧いたとしても不思議はない。鴨緑江は総延長七九〇キロ、流域面積六万二六三四平方キロの大河である。ちなみに『満洲の陰謀者』の筆者、平野は河本の娘婿で、事件のころは新聞社の特派記者として奉天にいた。戦後は河本と共に太原刑務所に抑留されるなど、河本ウォッチャーとしては特異な存在である。

陸軍切ってのロシア通だが、満洲の事情に疎《うと》く、側近の斎藤、河本らのいうことによく耳を傾ける武藤も、さすがにこのときは返事に困って口を閉ざしたという。

ちなみに、河本が覗《のぞ》いたトーチカは今も同じ場所にある。朝鮮戦争（一九五〇年〜）の際、米空軍は輸送ルートを断つために中朝国境にまたがる複数の橋をピンポイント攻撃した。破壊されたのは朝鮮寄りの一部で、破壊を免れた中国寄りの橋の一つが、安東（現・丹東）と新義州にかかる鉄橋で、今日、〈断橋〉として観光名所になっている。何の役もはたさない橋を入場料を取って解放しており、そのチケット売場が、かつてのトーチカなのである。ちなみにこの鉄橋は一九一一年に日本が造った。施工主は朝鮮総督府だ。

河本も石原もラストチャンスと思った

話は行き来するが、河本に「張作霖殺害」を吹き込んだ人物がいた。佐々木到一（死亡時陸軍中将）。支那通の軍人ならだれもが一目置く中国関係のスペシャリストで、佐々木は中国のナショナリズムの台頭をいち早くキャッチし、その激しさと矛盾とに刮目《かつもく》した最初の日本軍人とされている。

佐々木は張作霖の奉天軍は蔣介石の北伐軍に、かならず負けると予測して、自伝『ある軍人の自伝』に「その機会に一挙作霖を屠《ほふ》って、世を学良一派の似而非《えせ》新人的雷同分子にゆずらしめ、しかる後に彼らの腕をねじ上げて、一気呵成に満洲問題を解決せんことを勧告した」と記した。

勧告した相手は河本である。当時、南京にいた佐々木と旅順の河本との間には、暗号による密電が数回往復したという。

　佐々木のいわんとしていることは、「作霖を殺せば、新し物好きで半可通の学良は国民政府を受け入れようとするであろうから、満洲は革命の怒濤に巻き込まれるだろう。そうなればこれまで無関心であった日本国民も、満洲問題の重大性に気付くだろうから、そこで国民の理解と支持を得て一気に問題は解決に向かう」というのである。

　しかし、佐々木の予測は半ば当たって半ば外れた。学良は佐々木が思うようなバカ殿ではなかった。また作霖の留守中、奉天を預かっていた総参謀長藏式毅《ぞうしきき》の冷静沈着な判断もあって、奉天に騒乱状態は生じなかった。

　しかし満洲における排日運動は日毎激しさを増したが、日本政府、陸軍に作霖亡き後の満洲への確かな構想がなかったことから対応に手間取った。田中内閣が倒れ、後継の浜口雄幸内閣では陸軍大臣に軍縮派の宇垣一成が就任した。かねてから対満政策は経済提携と若干の移民の範囲にとどめるべきだと主張してきたことから、宇垣の収拾策に期待が集まったが、軍縮と参謀長人事を巡って上原勇作元帥と激しく対立した。その結果、荒木貞夫、真崎甚三郎らの、いわゆる皇道派の台頭を招いた。

　浜口が狙撃され内閣が倒れ、続く若槻礼次郎内閣では十月事件、犬養毅内閣では五・一五事件が発生し、軍人が露骨に政治関与する時代になった。五・一五事件では凶行に及んだ軍人が「憂国の士」となり、新聞も世論も批判する目を失った。日本は目標も指針も失った時代に突入したといえる。

先走ってしまったが、話を満洲に戻そう。

佐々木と河本とのやり取りのことは、佐々木の自伝に出てくるだけで、河本について書かれた著作には見られないことから真偽を確認する術がない。

佐々木は孫文の熱烈な支持者であったが、修正、堕落した蔣介石・国民党には絶望していた。軍閥の存在を頭から否定する佐々木にとって、張作霖は唾棄《だき》すべき存在でしかなかった。

ナショナリズムの高揚によって中国における独立自存の意識が高まれば、かならずや日本への圧力になる。南満洲における権益は、今や日本の国家存亡にかかわる重大事で、これを失うわけにはいかない。中国が性急に主権の回復をめざせば、平和的手段によって権益を維持、確保することは困難になり、日本に残された道は武力行使しかなく、今なら張作霖を葬ることでそれが可能になるというのが助言の真意であった。

この思いは佐々木のみならず、河本、石原にも共通するもので、石原があのタイミングで決起したのは、まさにラストチャンスと思ったからである。

河本は畏友・磯谷廉介（当時大佐、ノモンハン事件時の関東軍参謀長）に宛てた書簡でこう記している。

「今度は二十年来の総決算をやる覚悟で臨まねば、満蒙の基本的解決は得られない。張作霖の一人や二人ぐらい、野タレ死しても差し支えないじゃないか。今度という今度は是非やるよ。止めても、ドーシテモ、やってみる。満蒙解決のために、命を絶たることは、最大の望みであり、名誉なことだ」

河本もまたラストチャンスと思っていたのである。

二つあった張作霖暗殺計画

しかしこの時期、二つの作霖暗殺計画がもちあがっていた。奉天特務機関長秦真次少将と張作霖軍事顧問の土肥原賢二中佐によるものと、関東軍司令官村岡長太郎が企図したものとである。これらの計画が連動することなく、いつしか立ち消えてしまうのも不思議といえば不思議である。

秦らから計画をもちかけられた河本は、「夢のような話」と協力を拒んだ。秦らの計画は作霖の親衛隊長である荒木五郎に謀反《むほん》を起こさせ、内側から体制を崩壊させようというのだ。荒木は陸士二十七期で少尉任官と同時に退官し、中国各地を放浪したあげく、作霖と出会って顧問になった男で、中国名黄慕《ホワンムウ》を名乗っていたことから黄慕将軍で通っていた。しかし親衛隊の隊長とはいえ、側近の数名を除けば部下の大半は作霖子飼いの兵隊で、日本人、いわば敵方の黄慕将軍の命令で親衛隊が行動を起こすとは考えにくく、確かに「夢のような話」だ。磯谷への書簡に、「土肥原の笛では踊れない」と書いてあるのはこのことである。

他方、村岡の計画は、混乱の最中にある北京、もしくは天津で作霖を殺害するというのだ。村岡はハルビン駐在武官竹下義晴中尉を密使として天津に送ろうとして奉天に呼び寄せたところを河本に気づかれた。

竹下から話を聞いた河本は、「北京には各国の公使や武官がおり、兵力も常駐している。列国の監視の目が光っている北京でそんな計画が実行できるわけがない」(『赤い夕陽の満州野が原に』)ともいい、「万一仕損じた場合はどうする。北支方面に、こうした大胆な謀略を敢行出来る信ずべき人がいるかどうか、はなはだ心もとない。万一の場合、軍、国家に対して責任を持たしめず、一個人だけの責任で済ませるようにしなければ、それこそ虎視眈眈《たんたん》の列強が得たりといかに突っ込んでくるかわからない。俺がやろう、それより外はない」(『私が張作霖を殺した』文藝春秋一九五四年十二月号)といって竹下を説得し、村岡計画は日の目を見ずに終わる。ちなみに竹下は、事変の時の関東軍幕僚(参謀)のあの竹下である。

河本の言はいちいちもっともだが、関東軍高級参謀の河本がやれば「一個人の責任で済む」はずもないし、現にそうはならなかった。関東軍の高級参謀が関われば関東軍の仕業になるのは自明の理である。このあたりが「始末に困る人」になりきれない河本の限界であろうか。事実、事は河本本人は停職、村岡は依願予備役編入、斎藤参謀長、水町袈裟六独立守備隊司令官らは譴責《けんせき》で決着したが、他に累を及ぼしたのである。

しかし不可解なのは、村岡の計画は、結果的に河本の知るところとなったが、村岡は事前に斎藤にも河本に一言も打ち明けていなかった。村岡の計画に途中から乗った形の河本もまた村岡、斎藤に何も相談しなかったことになっているのは奇怪としかいいようがない。関東軍のナンバー1、2、3がバラバラだったのだろうか。

一九九七年に河本に関する、最後の情報が世に出た。『Ｔｈｉｓ ｉｓ 読売』（一九九七年十一月号）に戦後、中国に抑留されていた河本が現地で取られた供述調書が掲載された。

調書は一九五三年四月四日の〈東方会議〉と四月六日の〈皇姑屯事件（張作霖爆殺事件のこと）〉、八月二日の〈張作霖爆殺の前後〉、七月二十五日の〈満洲事変〉、七月三十一日の〈偽装工作〉に関するもので、前の二つは口頭供述、後は書面供述。平野の著書『満洲の陰謀者』には一九五〇年からおよそ二年間、河本は太原から北京に送られ、当局の取り調べを受けたとあるから、調書はおそらくこの時期に取られたものだろう。

調書の中身は、とりたてて驚くほどのものはなかったが、「一九二八年六月、関東軍司令官・村岡長太郎は張作霖殺害の意図を抱き、私は張爆殺の策略に盲目的に加わった」との自白は、河本のイメージをいちじるしく損ねた。

それまで河本の評価は、どちらかといえば義人であった。「司令官をかばい、首謀者に名乗り出た」「軍、国家に対して責任を持たしめず、一個人の責任で」という潔《いさぎよ》さが河本のイメージだった。

平野の話では、ちょうどそのころソ連に抑留されていた河本の旧友で最後の関東軍総司令官山田乙三が、無期懲役から二十五年に減刑されたというニュースが届き、自分も同じ運命を辿るのではないかと覚悟していた時期と重なっているという。齢七十を過ぎた河本が、生きて日本の土を踏みたいとの思いを忖度《そんたく》すれば変節というには酷であろうか。

爆破直後の瀋陽駅

張作霖を捕縛するにせよ殺すにせよ、北京から奉天に引き上げる途中を狙うしかない。

問題はいつどこで決行するか。帰国のルートとしては北京から一直線の京奉鉄道で奉天というのが有力だったが、塘沽《タンクー》から渤海に出て営口に上陸することも予想された。しかしいずれにしても、第一次山東出兵がらみで、どこもかしこも日本軍がいる状態では、隠密裏に事を運ぶのは難しい。殺した後、騒動になるのは構わないが、気づかれて下手に騒がれるとし損じるのが恐い。

現地北京では日本のマスコミの間で作霖の帰国ルートと日時をめぐって、熾烈な特ダネ合戦が展開され、さまざまな情報が飛びかっていた。

しかし天津の日本駐屯軍はあるルートから、確かな情報を入手していた。張派の軍閥の一人で山東を支配する張宗昌が自分が持っている特別列車五両のうちの二両を作霖に貸したというのである。この特別製の列車は車体の鋼鉄板を二重に張り、その間に砂を詰め込んで機関銃のタマぐらいなら通らないようになっていた。わざわざイギリスに注文して作らせたもので、車内には応接室から寝室、バスルームまで備わっていた（朽木寒三著『馬賊戦記』）。

この情報をいつの段階で入手したかは定かでないが、天津、北京と密に連絡を取っていた河本は、早い段階で爆破地点を京奉鉄道の皇姑屯と決めていた。

しかし、特別車両が機関銃の弾も通さないとわかった以上、襲撃は諦め、列車ごと粉砕するしかなくなった。万が一、仕損じたときのことを考えて、荒木五郎をリーダとする斬り込み隊を皇姑屯周辺に待機させた。

一九二八年六月三日、午前一時十五分、作霖が乗った特別列車が北京を発った。そして日が変わった六月四日の午前五時二十分前後、皇姑屯駅を過ぎ、京奉鉄道と満鉄線がクロスする地点で、河本ら（実行者は東宮鉄男大尉）が仕掛けた爆薬によって、作霖の乗った特別列車は爆破され、ほぼ即死の状態であった。享年五十六歳、波瀾に満ちた満洲王はその生涯を終えた。

北京を発ってから爆殺に到るまでの細かな経緯はここでは省く。それ自体、一つのドラマであるが、それを描くことが本書の目的ではない。

しかしこれだけは書いておきたい。爆破直後当夜の奉天の騒動である。二十年間満洲を支配した満洲王が乗った列車が爆破されたのである。そのことが奉天市民（日本人ではない）にとって衝撃でないはずがない。爆破直後の瀋陽駅周辺から城内に到る道という道は、未明にもかかわらず、何事かと溢れ出た市民によって大混乱をきたし、瀕死《ひんし》の作霖が乗った車は何度も立ち往生せざるをえなかった。

六月四日は終日、作霖到着に備えて皇姑屯から瀋陽駅に到る、およそ一マイルの沿線は五十余名の張軍兵士が警護に当たっていた。瀋陽駅広場は装甲車十数台が並び、機関砲、重機関銃が銃口を外に向け、関係者以外はだれも近づけない警戒態勢にあった。

そんな状況の中の午前四時五十分。

「お召列車の露払いともいうべき先発列車が、真っ黒な烟りを吹き上げて、瀋陽駅へ滑り込んだ。張作相将軍と丁鑑修がゆっくりとホームにおり立った。すでに駅の貴賓室には総参謀長の藏式毅、奉天省長の王永江、熱河省長湯玉麟などの名士が、ずらり顔を揃え、張作相らと握手をかわしあう。

儀仗隊が到着ホームに整列を終わった五時十八分。『お召列車皇姑屯駅通過』の電話が駅長室に入った。皇姑屯駅から瀋陽駅まで十分の距離だ。ちなみに皇姑屯駅は現存しない。

構内はきゅうにざわめき、出迎えの要人たちの動きが活発になる。改札口付近には、日本人の記者団も大勢詰め掛け、脚立を持ったカメラマンが右往左往して、緊張がいちだんと高まっていく」

『赤い夕陽の満州野が原に』（相良俊輔著）に描かれた事件当夜の瀋陽駅の情況だが、

相良はこの場にはいなかった。

日本人は日頃は奉天駅を利用し、特別な用事でないかぎり、京奉鉄道の瀋陽駅を利用することはない。ましてや物々しい警戒下にあるこの日、近寄る日本人はいなかったはずだ。それにしても相良の描写はリアルだ。

「強烈な爆風で車両ごと、宙に吹き飛ばされた張作霖は、床に叩きつけられた瞬間、鉄の破片で顎を強打し、下半身にも重傷を負い、すでに虫の息であった。（略）重傷の張は、線路ぎわにある満蒙毛織工場の事務室へ収容された後、トラックに乗せられて、奉天城の元帥府へ運ばれた。工場では乗用車を用意したが、何者かの再度の攻撃をおそれた係が、わざとトラックを選んだ。時ならぬ大爆発音と銃声、暁の夢を破られた奉天市民は、いっせいに戸外に飛び出し、狭い市街は混乱を極めた。その街中を、張を乗せたトラックが警笛を鳴らしつづけるのだが、浮き足立った群衆に妨げられておもうように走れない。張はトラックに乗せられたまま四十分間、何らの応急処置も受けられず、出血多量のため意識不明に陥った」

相良は幾人かの証言から、以上の情景を想定したのであろう。虫の息の作霖が現場の近くの毛織工場に担ぎ込まれたのは、爆破責任者東宮鉄男大尉の部下の報告によった。

しかし、事件当時の奉天総領事林久治郎によると、いささか違ったものとなる。林が事件を知ったのは、「四日午前五時半、未だ就床中、轟然たる爆声響き、暫時窓硝子等の振動を続かしめた」。床を離れた三十分後に、警察から事件勃発の通報を受けて、早速《さっそく》、河野副領事を現場に派遣。午後には列車に同乗していて、辛くも助かった儀峨誠也少佐（作霖軍事顧問）を招いて事情聴取。「（少佐）一旦《いったん》車外に飛び出したるも、再び戻りて張及び呉の両将軍を救い出した。その際、呉俊陞は既に気息奄々としており、張は譫語《うわごと》を言って居た。少佐が張を車外に担ぎ出せる頃、三百米《メートル》突余切断されて停車せる、護衛車より下れる衛兵数百、畑中に散開し、射撃を始めたが、少佐は張を救うを肝要事となし、付近を見回らせると、幸いに何者かの乗り来れる自動車があるを以て、これに乗せた」（林久治郎著『満洲事変と奉天総領事』）と通りがかった自動車で作霖を運んだとあるが、その数行後にある領事館警察勤務の職員の証言「爆破の前後クロス付近にはほとんど人影を見ず」と明らかに食い違うが、こういう場面は見る場所と時刻、距離とによって異なるものである。

殺害に失敗したら腹を切る覚悟の東宮は、爆破後、ただちに偵察員を放って、作霖の行方を探らせた。死んだか、死んでいないか。どちらにせよ身柄はどこに運ばれたか。東宮は七百名の部下の中から銃剣術にすぐれた十二名を選び出し、周辺に配置していた。

一方の林も、総領事の立場から独自の調査を継続。その結果、列車及び線路等の破損情況から爆薬は満鉄線路に仕掛けられことが判明。クロス地点では上を満鉄線が、下を京奉鉄道が通っていた。車両の破損は上部が激しく、京奉鉄道の線路は損傷はほとんど見られなかった。爆薬が上を走る満鉄線に仕掛けられたのは明白であった。犯行を国民政府軍による満鉄線の爆破と見せ掛けるためにはそうせざるを得なかったのだが、河本はこれには相当悩んだようだ。

「満鉄路線を傷つけず、下を通る列車を破壊するには、どれだけの爆薬をどこに仕掛ければよいか」

結局、それは不可能ということになり、東宮の決断で満鉄路線も含めて吹き飛ばすことになった。東宮はこの地域の鉄道警備責任者である。東宮は警備不備の責任をとるつもりだった。爆破の翌日、奉天憲兵隊が真っ先に捜査に向かったのは東宮の自宅。関東軍の仕業であることは、日本の憲兵隊もわかっていたのである。

日本の当時の報道も、後日の検証も爆破前と後の政治的、軍事的動静を追うあまり、当夜の奉天のことがおざなりになったきらいがある。二十一世紀はテロの世紀とされている。その幕開けとなったのがニューヨークで起きた9・11事件だが、高層ビルに航空機が突きささるあのショッキングな場面がなければ、これほど世論を喚起させることもなかった。

張作霖爆殺事件もしかりで、クライマックスともいえる爆破当夜の奉天の衝撃に焦点が合わされるべきではないか。おそらくあの日あの時、奉天にいて、轟然たる爆音と夜空に高く舞い上がった黒煙を目のあたりした人は、これで満洲は変わると思ったはずである。

張作霖が死んでも満洲は変わらなかった

さてその後である。

奉天政府は作霖の死を秘匿《ひとく》し続けたが、関東軍は六月八日には死を確認した。六月十六日、北京にいた学良は奉天に帰った。二十一日、奉天政府は作霖の死を公表、八月五日から三日間、葬儀を行なった。

作霖はこの世からいなくなったが、河本の予想に反して、奉天に騒乱が起きなかった。奉天を混乱に陥れ、居留民保護を名目に軍を出動させる河本の計画は、この時点で挫折した。

奉天政府には藏式毅という知将がいた。総参謀長の藏は河本の魂胆を見抜き、全軍に軽挙妄動せぬよう指令を発した。何事も起きない以上、ヤマトホテルの前に待機していた関東軍の実戦部隊は解散せざるをえなかった。

当然のことだが、奉天全域を緊張が覆った。日中両軍の衝突必至と思われたことから奉天から避難する中国人が続出。奉天城内の銀行、貴金属商、質屋は軒並み鎧戸を下ろした。危険が身近に迫ったと感じた城内の日本人の大半が引き上げた。奉天が平静を取り戻したのは七月半ばを過ぎてからである。

しかし、張政権の下で塗炭の苦しみを味わい続けてきた中国民衆の間に、作霖を英雄として讃える声が沸沸《ふつふつ》とわいてきたことは、日本側としては予測もつかないことであった。民衆が作霖のことを「張大元帥」「民族の英雄」と崇めるようになったのである。たとえ暴君でも日本に殺されたからである。作霖は今際《いまわ》の際《きわ》に「おれは日本軍に協力したのに、どうしてこんな目にあわされねばならなかったのか」と洩らしたというが、その思いを中国民衆の多くが共有したということであろうか。殺されねばならなかった理由がわからない民衆の同情が作霖を英雄に祭り上げたのである。

第二次大戦後、フィリピンのケソン大統領は「われわれはアメリカによって天国のように運営される政府よりも、フィリピン人自身によって地獄のように運営される政府を望む」と語ったという。支配される側とする側の違いである。もはや理屈ではなく感情なのである。

五日、ドイツ総領事館で晩餐会が開かれ、その席で林はアメリカ総領事のマイアースから、この日の三時に学良が、ひそかに飛行機で帰奉したことを知らされた。翌日、林は関東軍に確認したが、関東軍はその事実をつかんでいなかった。しかし後日、学良はこの日帰奉し、二日滞在した後、北京に戻っていたことが確認された。

六日、林は犯行に河本が関わっていることを、警察署長（日本人）から知らされた。署長は四日の時点で、浪人の口から河本の存在を知った。五日、署長はそのことを探りに司令部に赴いたところ、河本から逆に詰問され、思案にあまった署長は林に相談にきたのだった。しかし、事の重大さから林は、「捜査を続けるよう」としか指示できなかった。警察は領事館の管轄なのである。

しかし、張側の一見の静謐の裏で何が行なわれていたかというと、壮絶な跡目争いであった。周知のように後継者になったのは息子・学良であったが、すんなり決まったわけではなかった。葬儀の間中も読経の傍ら、跡目を巡る血なまぐさい謀議が重ねられたのである。

結局、跡目問題は学良が楊宇霆とその一味、常蔭槐らを殺害して決着した（一九二九年一月十日）。楊は生前の作霖をよくサポートした実力者であった。鉄道問題を始めとして作霖と日本との過去の経緯などにも精通していて、話が通りやすいことから、日本側には楊を担ぐ声が高まったことが、学良を「除くべし」と決断させたのである。

日本は急遽《きゅうきょ》、ハンドルを切り替えなければならなくなった。しかし学良の日本への不信感は、父を殺害された怨みとも重なって、一気に反日、親蔣介石へと傾いた。かくして満洲事変へのレールは敷かれたのである。

河本はいつ観念したか

ところで、河本はどこで何をしていたか。

事件当夜、河本が行き付けの料亭「みどり」でマージャンに興じていたことは広く知られている。

奉天中が騒いでいる間、河本の姿が一時、見られなくなった。河本は満鉄病院に入院していた。盲腸である。

河本が入院している間、世の中は作霖の跡目問題で、それぞれの思惑から中国側も日本側も学良派、楊派に分かれて喧々諤々《けんけんがくがく》。日本側の大勢は田中首相が指示した後継は学良、後見に楊であった。満鉄総裁の山本条太郎、作霖の顧問松井七夫、町野武馬らがこれに同調。関東軍サイドは村岡、斎藤、それに満鉄副総裁の松岡洋右が加わって、学良跡目に異議はないものの、権謀術数にたけ、いつ寝返るかもわからない楊の後見には反対の姿勢を固める中で、土肥原は後見役としての楊を認めるべきだと主張、容易にまとまりそうもなかった。

六月十日、河本の身辺が急変する。河本がトリックに使った国民政府軍兵士を装った三人のうちの一人が生きていて名乗り出たのである。さらに日本人の目撃証人が現われるに及んで、河本の足元に火がついた。工作に関わった者のルートから、事件の黒幕として河本の名が田中の耳に入ったのである。

河本に出頭命令が出た。六月二十六日、陸軍省と参謀本部に出頭した河本は、陸軍省で白川義則陸相、畑英太郎次官から、参謀本部では南次郎参謀次長、荒木貞夫第一部長から五日にわたって査問を受けた。河本は自らの容疑を「満洲浪人たちが、何らかの利益に預かろうとして流した浮説」と事実無根とし、ひとまず難関をくぐり抜けた。

翌日、河本の慰労・歓迎会が四谷・荒木町の料亭で開かれた。かつての同志「二葉会」の有志と、陸士、陸大時代を通じて気のおけぬ仲間が集まった。途中から昨日まで河本を査問した荒木が同席。「今夜は愉快だ。大いに飲もう」と荒木はご機嫌だった。この席に荒木が姿を見せたことは、実質、河本の免罪符を意味した。以降、陸軍内部から河本を批判する声は聞かれなくなった。長年の懸案であった満洲問題に決着をつけようとした、河本の行為は正義となったのである。

七月、河本が満洲に戻った。事件もようやく沈静化の兆しを見せ始めたころ、揺り戻しがきた。田中が峯幸松憲兵司令官を満洲に派遣したのである。軍内部から処罰者を出すと、軍部が収まりがつかないことから、自分に対して軍の犯行であることをぼかした報告をしていたことを知った天皇が激怒、田中に退任を迫る一幕があった。田中は追い詰められていたのである。

峯は三週間、満洲に留まって関係者を取り調べた。村岡、斎藤が終わって河本の番がきた。峯はいきなり「貴官が重要な容疑者であることは、本官も見当がついている」といい、「伊藤謙次郎を知ってるか」と、いきなり核心を突いた。中国人浮浪者を国民政府軍兵士に見せ掛け、犯人にしたてることを河本と東宮に提案したのは伊藤。河本は「そんな男は知らない」とトボけた。

日を置いて伊藤が大石橋から奉天に呼ばれた。伊藤は河本のいる前で、きっぱりと関わりを否定した。しかし、帰り際に伊藤が河本に「事件のあらましは東京のお偉方には筒抜けになっているようです。流したのは安達隆成と工藤忠あたりと思われます」と耳打ちした。実際に三人を手配した暗黒街の顔役劉載明を奉天から脱出させるのに安達、工藤が一役買ったことを河本は知っていた。噂によれば、生き残った一人は学良側に逃げ込んだという。劉の身柄は大連の特務機関が確保しているというが、そんなことはどうでもいいことである（劉は同年病死、伊藤は匪賊に襲われて死亡）。

相良によれば、このとき、河本は初めて観念したことになっている。

「すべてが知れた以上、これ以上累を及ぼさないために、自分が名乗り出るしかあるまい」。そして同時に「あれだけの大事を決行するのに、民間人を起用したのは軽率だった」との悔いが残った。ちなみに、安達は奉天憲兵隊の特務工作員で、工藤は満洲建国後、長らく溥儀《ふぎ》の侍従長を務めたことで知られているが、その前歴は不明な点が多い。本人によれば辛亥革命のころは中国にいたことになっているが、溥儀の著書『わが半生』には「大陸浪人工藤」とだけある。

事件から十四年が経った一九四二年十二月一日、河本は大連の自宅で森克己のロングインタビーを受けた。ちょうど山西産業への就職をためらっていたころである。

森は陸士卒の元軍人で、そのころは東大史料編纂所のスタッフだった。森は、「事実に辿り着くには、一人でも多くの当事者に会って話を聞くしかない」との思いから、事変関係者をシラミ潰しに尋ねて歩いた。

森の著書『満洲事変の裏面史』よると、「今記憶しているだけでも建川美次中将、長中将、橋本欣五郎大佐、板垣大将、石原莞爾中将、河本大佐、川島大佐、三谷憲兵少佐、小松中佐、天野中佐、本庄大将、二宮中将、小磯大将、土肥原大将、南大将、菱刈大将、筑紫中将、町野大佐、佐々木中将、甘粕大尉、大川周明博士、笠木良明、岩間徳也（略）ら五十数名を数えることができる。恐らく私ほど多くの満洲事変関係者に会って、直接腹蔵なく秘められた事実を聞き出した者は、ほかには一人もいないと自負している。（略）ところが当事者の人々が語りたがらないことをよいことに、直接関係のない人々が得々として満洲事変の手柄話を話したり、書いたりして、またそうした人の中で生き残っている人々が我が事のように話し、かつ著わし、それらのことが史実と誤られて満洲事変の書物となって巷に氾濫しているのは歴史を誤るものであり、これまた私の遺憾に堪えないところでもある」

事実、それぞれの人がそれぞれのことを語っている。虚実取り混ぜてであるが、その中に真実があるのである。

河本は自身の事件については多くを語っていない。事件から時が経ったこともあろう。聞き手のテーマが「満洲事変について」であったこともある。河本が冗舌に語ったのは、満洲事変と自己との関わりであった。

第五章――謀議

河本から石原へ

河本の失敗の一つは、張政府を甘く見すぎたことにある。所詮、軍閥は私党で、親分が死ねば空中分解すると河本が考えたのも、あながち的外《まとはず》れではないが、本土と隔離した満洲という特殊な地域に二十年間根を張った、地方政権はそれほど柔《やわ》ではなかった。作霖の子・学良を後継者に選び生き残っただけでなく、蔣介石と結託して排日の姿勢を強め、作霖時代よりむしろ始末に負えなくなった。

（この後、どうすればよいのか……）

河本は自問自答したはずである。だが素浪人となった河本には、当面、打つ手はなかった。

石原が留学先（軍事研究）のドイツ（ベルリン大使館付駐在武官）から帰国したのは一九二四年十月。石原は陸軍大学校の教官に復職し、一九二八年十月、関東軍参謀に転出するまで在籍した。石原は留学する以前も約一年二ヵ月、陸大で教えていたから、合算すると五年にわたって陸大の教官であったことになる。石原は教官になるために軍学を研究したのではない。いつの日か実戦で役立てるためである。この間に大尉から少佐へと肩章の金筋と星は増えたが、もとより石原は現状に満足してはいなかった。

石原はドイツで修学した欧州古戦史、主としてフリードリッヒ大王とナポレオンの戦争戦略を学生に講義した。講義の中身が新鮮で学生に人気があった。陸大は隊付き勤務を二年以上経験した中尉・大尉に、より高度な教育を施すエリート養成機関ではあったが、経験主義から一歩も出ない典型的な官僚機構でもあった。一例をあげれば日露戦争の戦略を金科玉条として、十年一日がごとく教え続けられた。学生は教室で疑問を呈することも許されず、試験で批判的なことを書いたら点が貰えなかった。

石原はそのような陸大の旧弊を痛烈に批判した。それは体制批判にもつながり、当然、学内に軋轢《あつれき》が生じた。石原は問題教師であったのである。

始末に困った校長の多門二郎は陸軍人事局に、ともかく石原を出してほしいと頼んだが、引き受け手がなかった。すでに石原の奇矯は広く知れ渡っていた。

しかし、捨てる神あれば拾う神ありである。同僚で石原とは陸大が同期の飯村穣が陸大生を連れて戦史研究のために満洲に研修旅行に行った折、河本に石原の話をしたところ河本が興味を示した。

木曜会での石原発言「これからの戦争は国家総動員による消耗戦略ではなく、政治家等に文句をいわせる前に一挙にしかも徹底的に敵を殲滅《せんめつ》することにある」が、強く印象に残っていた河本は、石原を関東軍に貰《もら》い受けることにした。河本が「石原を満洲に送り込んだのはオレだ」というのはそういうことなのである。ちなみに多門二郎は、事変の際、獅子奮迅の活躍をした第二師団長。石原を追い出した多門が事変では石原の手駒となって働いたのは運命の悪戯《いたずら》としかいいようがない。

木曜会は一九二七年に鈴木貞一少佐（当時、参謀本部作戦課、A級戦犯＝終身刑）ら中堅幕僚が「国策の研究」目的で結成したグループで、その三回目の会合で石原は「我が国防方針」を発表。これが後の「戦争史大観」のベースとなる。木曜会が拡大したのが一夕会で、事変当時の主立った顔触れは陸軍省の永田鉄山、鈴木貞一、岡村寧次、参謀本部の東条英機、武藤章、関東軍からは石原のほかに板垣、土肥原らがいた。

石原が満洲に着任した数日後、河本は石原を旅順の官舎に招き、事件のこれまでの経緯を打ち明けた。首謀者は自分で、荒木、永田、岡村、磯谷（廉介）らにはそのことを話してある。いつまでも隠しとおせるものではなく、いずれ自分は処分されるのは覚悟していることまで、一気にしゃべったところで一息ついた。

「問題はこの後だ。満洲がこのままでいいとは、キミも思ってはいまい。私の後任には板垣クンがくることになっている。板垣クンとキミとは漢口で一緒だったから気心も知れているだろう。日本のために二人で力を合わせて、満洲を何とかしてくれ」

石原は一九二〇年四月から一年余、板垣と漢口の中支那派遣隊司令部で同じ釜の飯を食った仲だ。板垣は少佐で参謀、石原は大尉で、部付き武官。板垣とはそれ以来である。石原が満洲に赴任したとき、板垣はまだ歩兵第三十三連隊長として内地（三重県の津）にいた。

「板垣さんはそのことはご存じなのですか」

「ウン、板垣クンとはときどき会っている。彼の連隊は間もなく奉天に来ることになっている」

「そうですか。いまの問題、これからじっくり研究してみます」

石原はそういって席を立った。

板垣が歩兵三十三連隊長に着任したのは一九二八年三月。同連隊が近々、満洲に派遣されることを知って、板垣が志願したのである。板垣は大陸に活躍の場を求めていた。板垣の初陣は日露戦争だった。

旅順の官舎での二人のやり取りは相良の著書にあったものだが、この通りではなくても、これに近い状況があったことは間違いない。新参の参謀が高級参謀に挨拶に行くのは当然のことで、折り柄、話題が事変に及ぶのは自然である。

石原が河本のことを評価していたことは、多くの人が証言している。事変で中心的役割をはたした三谷清奉天憲兵分隊長は、後日の森克己のインタビューに、「石原は河本大佐の企てを評して、時の利を得なかった。もう三年待てばよかった」と答えている。

「もう三年」は、事変のあった一九三一年にあたる。石原はこの三年間を一途に事変のために費やし、「時の利を得た」と確信が持てた一九三一年九月十八日に決行したのである。

事変について、だれが何を語ったか

石原は河本の失敗から多くのことを学んだ。事変は河本の失敗の上に成し遂げられたともいえなくもないのである。

石原が一番神経を注いだのは、だれとどんな形で組むかであった。もとより板垣は別だ。使い分けたのは軍人も民間人もである。いわれるように民間人をすべて排除してはいない。後で触れるが、満鉄理事の十河信二と板垣、同じく理事の村上義一と石原の間では、相当腹を割った話が交わされている。事変直前の八月二十三日、満鉄有志が中心となった満洲青年連盟の面々と話し合いの場を設けたのは石原だった。連盟の有志と意を通じたのは、満洲と内地の世論を盛り立てるためである。事実、彼らは満洲各地、日本国内に同志を派遣して満洲の窮状を訴える一大キャンペーンを展開した。満洲青年連盟の協力なしに事変は成り立たなかったといえるほど、大きな力となった。

三谷が森のインタビューを受けたのは、事変から十一年が経った一九四二年のことで、事変についてはこう答えている。

「当初の計画では決行日は九月二十八日に挙事の手筈だった。相談に預かったのは板垣、石原を中心とし花谷、私、橋本欣五郎、今田新太郎であった。私は中途から関係した」

事変の際、ハルビンでのテロ工作の中心的役割をはたした甘粕正彦は、同じく森の問いに、「本当に知っているのは今田新太郎、河本、中野琥逸、板垣さん、石原くらいのもので、片倉も花谷も知らない」と答えた。
では、その他の関係者は森のインタビューにどう答えているか。
河本大作「現地では板垣・石原の二人、内地では、私が板垣、石原の意を汲んで大川博士、橋本欣五郎らを動かし、内地の輿論《よろん》を喚起することに務めた」
橋本欣五郎「（三月事件が失敗して）今度は外地でやれということになった。俺に共鳴したのが関東軍の板垣、石原だ。この間の連絡を取ったのが河本だ」
大川周明「事変の裏面史については、田中隆吉、長勇、橋本、河本、甘粕、土肥原、和知（鷹二）少佐、重藤（千秋）支那課長に聞け」
土肥原賢二「満洲事変の計画には、私は途中から参加した」
板垣「実行直前に花谷を遠ざけた」「熱心な中野や甘粕が遼陽まで後を追い掛けてきた」「今田新太郎は事変の直接的な面では、最も関係が深い」「橋本はなかなかの策略家だから」
石原は、「大川周明氏らの影響が云々されているが、それは間違いで、日本内地側より与えた影響はほとんどないといってさしつかえない」「当時の真の同志といえるのは軍司令部内部に於いては板垣、石原、竹下の三人と奉天特務機関の花谷、今田の二人都合五人であった」。

どの発言も本人にとっては真実であろう。森がインタビューした一九四二年当時は、事変のことを大っぴらに口にするのがはばかられた時代で、森は「御存命中は、決して公にしない」との約束を守った。森が『満洲事変の裏面史』を著わしたのは、関係者の多くが故人となった戦後の一九七六年。オフレコということもあって、相当に吹いた発言もあれば控えめのものもある。そのへんは読む側で判断しなければならない。

コメントについていくらか言葉を補足すると、花谷が遠ざけられたのは、花谷は一体に言動粗雑で、口が軽いところがあった。石原のいう「大川周明氏ら」には橋本欣五郎も含まれると思われ、板垣の「橋本はなかなかの策略家だから」との発言と重ねると、石原の「日本内地側より与えた影響はほとんどない」が真実味を帯びてくる。大言壮語癖がある橋本を、板垣も石原もある時期から信用しなくなっていた。

三月事件では橋本らの桜会と大川の思惑は空転。それに懲《こ》りず満洲事変に続けとばかりに、再びクーデター計画をたて失敗する。十月事件である。橋本を中心とする桜会の面々、長勇、根本博らは、所詮は不満分子の集まりであり、石原はそういう輩と同列視されるのは片腹痛いという思いであったろう。革命計画を練ると称して連日、高級料亭に入り浸り、酒を飲み、芸者を抱いたのである。桜会は一九三〇年に橋本、坂田義郎、樋口季一郎らが結成したグループで、軍部による独裁政権樹立を目指していた。

甘粕は橋本、長勇だけでなく、「田中隆吉も知らない」と断言。田中は東京裁判では検事側の証人として張作霖爆殺事件、満洲事変らは「日本が企んだ」と証言して物議をかもした人物だが、当時、田中は上海（日本公使館付武官）にいて、事変のことは岡村寧次から聞いたと証言した。つまり伝聞なのである。

橋本は満洲で事が起こるのは九月二十五、六日と承知していた。しかし、外務省筋からの情報で関東軍に不穏な動きのあることを知った参謀本部は九月十五日、急遽、第一部長の建川美次を満洲に派遣することにした。その情報を事前にキャッチした橋本が「建川の到着前に実行すべし」と板垣宛に電報を打った。

橋本が事変に関わったとしても、ここまでのはずである。

九月十八日、満洲に到着した建川と板垣は安奉線の本渓湖駅で落ち合った後、奉天へ行き、料亭「菊文」で飲食をともにした。花谷が同席した。

建川が「事は半分バレた。中央は止めろという。自分の意見はうまくやれるならやれ、ダメなら止めた方がよかろう」と告げた。板垣はこれを受け流すかのように「あなたは疲れておられるから、要件は明日にしましょう」と酒を勧め、とりとめもない雑談を始めた。

後日、森の問いに板垣は、「あのとき建川少将から要件を聞いてしまえば、命令を受けたことになるから、聞かなかったことにした」と答えた。まともに聞いていたら命令違反になる、だから聞き流したのだとすれば、板垣は相当な役者だ。石原なら、どんな応対をしただろうか。板垣の腹が分かっていて、酔い潰れた建川もたいした役者だ。

最終謀議

だがこのとき、事変は、すでに動いていた。橋本の電報を受けて、十四日夜、奉天特務機関の二階に板垣、石原、花谷、今田、三谷らが急遽、集まった。

花谷は中止を主張、今田、三谷はあくまでも決行を主張し意見がまとまらないまま深更に及んだ。板垣がやおら傍《かたわ》らの割り箸を立て「これを倒す。右に倒れたら中止、左なら決行」と告げ、一同、固唾《かたず》をのむうちに稚気にも等しい手法で、世紀の大事が決定された。

割り箸は右に倒れた。事変は中止だ。一同、忿懣《ふんまん》やるかたない思いで散会となったが、これは花谷を外《はず》すために板垣が打った芝居であることは後に明らかになった。最後の最後にきて、花谷の口が滑って事が不首尾に終わるのを恐れたのである。

三谷が諦めて官舎に戻ったのは十五日の未明。関東軍の動きを察知して動き始めた町の喧騒をよそに眠りにつこうした三谷に石原から電話だ。もはや用はないはずだが、「まあいいから来い」というので、当時、関東軍幕僚の宿舎となっていた瀋陽館に出掛けると、石原が改まった表情で、「守備隊がやるといったらやるか」という。もとより三谷に異存はない。

続いて今田が呼ばれた。今田は、この四月に張学良軍事顧問柴山兼四郎の補佐官として赴任したばかりで、爆破工作係が予定されていた。今田ももとより「やる」。かくして石原、三谷、今田の三人は板垣の部屋に向かった。

もとより板垣の腹は決まっていた。ちょっと手の込んだ芝居をやっただけなのだ。後は決行の日である。ここで川島正大尉が呼ばれた。川島は独立守備隊第二大隊第三中隊（虎石台）の隊長で爆破実行役が予定されていた。川島は事変のことは、以前に花谷から聞いていたので驚いた様子はなかった。「いつならできるか」と聞かれて、川島は「すぐにはムリだ」と答えた。建川が奉天に現われるのは、おそらく十八日。建川が持参する中央の命令が「中止せよ」なら、それを押し切ってまで決行はできないので、やるならそれ以前。タイムリミットは十八日。

爆破した後、敵がどう出るかも問題だ。敵が手を出してこなかったら、河本と同じ轍を踏むことになることから、敵が向かってこなくても、第二師団歩兵二十九連隊（隊長平田幸弘、奉天駐屯）が奉天城に攻め込む手筈になっていた。そのために直前まで実戦に近い演習が行なわれたのを、多くの奉天市民が目撃している。

川島の部隊も、北大営周辺で日常的に夜間演習を行なっていたが、中国側も対抗するかのように頻繁に夜間演習を行なっており、一触即発の場面がこれまでにも何度かあった。川島は確信していた。「敵はかならず向かってくる」。

かくして十八日決行と決まった。最終謀議に加わったのは板垣、石原、三谷、今田、川島の五人である。

改めて役割を確認した。十七日、遼陽視察を終えた本庄以下板垣、石原ら幕僚は、十八日、二手に分かれ、本庄、石原らは旅順の軍司令部に戻り、板垣は建川の応対で奉天に向かう。これは本庄の命令でもある。

十八日、現場の指揮は板垣が取る。指令は板垣が独断で出す。重大な軍規違反だが、板垣はすべての責任をとる腹だった。

旅順で決起の報を受ける石原は、軍司令官の本庄に決断を迫る役割である。

今田と川島、後に奉天駐屯の小野正雄第一中隊長も加わって爆破と爆破後の作戦行動を話しあった。爆薬は今田が調達した。列車転覆が目的でないから、その分量が難しい。爆破が強すぎて、万一、列車が脱線転覆した場合、関東軍の第一の任務は満鉄路線の警護であるから、これを放置したままでは、次の行動に移れない。爆薬の調合はうまくいった。一部レールが破損しただけで、爆破直後、現場を通過した長春発大連行の列車は、何事もなく奉天駅に到着した。

三谷の役割は市内の治安維持。地元警察と在郷軍人会との連携は、すでに半年前からできていた。警官の九十九パーセントは軍人上がりで状況は理解できていた。事変時、臨時軍司令部となった東拓ビルの向かいにある警察署では、近々と予測される大事に備え、三百五十名の警官が非常勤務態勢にあった。十八日、在郷軍人会四百八十名は、三谷から緊急呼集があってから一時間以内に集合場所の春日公園に集結した。

甘粕のことだが、十八日、遼陽で板垣を待ち受け、同じ列車（建川も乗っていた）に乗り込み、板垣は奉天で降りたが、甘粕はそのままハルビンに向かった。車中、どのような話があったかは不明だが、板垣が「熱心な中野や甘粕が遼陽まで追い掛けてきた」といったのはこのことである。

それから三日後の九月二十一日、ハルビンの朝鮮銀行支店、日本総領事館が襲撃された。甘粕は現場を車で走り抜けながら、路上に向かって拳銃を数発乱射した。まるで映画の一シーンである。三谷とも通じていた甘粕は、割り箸倒しの件から、最終段階まですべて承知していたとみるべきであろう。

先の森のインタビューに戻るが、証言が食い違うのは、だれかがウソをついているのではなく、だれもが真実と信じているか、もしくは真実と思い込んでいるからである。後世の者はどれが真実か疑う必要はない。どれも真実と思えばよいのである。真実は一つというのはウソで、当事者が十人おれば十の真実があるのが世の常である。

甘粕はインタビューの冒頭で、「歴史はウソだ。本当のことを知っている人は話さない」といっている。

また、別の場面でこうもいっている。

「歴史は決して真実を伝えない。つまらない男が偉大な人間のように扱われたり、ほんとうは立派な人物が名も現われずに埋もれたりする。歴史の記録は表面的であったり、時々偽りであったりする」（武藤富男著『満洲国の断面』）

法律の整備のために満洲国に派遣された武藤富男（判事、戦後明治学院大学学長）に甘粕がいった言葉で、武藤は大杉事件と合わせてこのセリフを聞いたとしている。

余談だが、武藤の心情は、「甘粕は（大杉を）殺していない」であった。

石原の深慮遠謀

さて運命の九月十八日、爆破のあった午後十時二十分。本書ではとりあげない。本書のテーマから外れるからである。これからとりあげるのは、事変と満鉄の関連を説明するためである。事変発生後各地で展開された戦闘は、本書ではとりあげない。本書のテーマから外れるからである。これからとりあげるのは、事変と満鉄の関連を説明するためである。満洲の広野を黒煙を吐きながら驀進する蒸気機関車の前後には、かならず関東軍とともに満鉄職員の姿があった。それが事変の実態なのである。

しかしその前に石原である。石原が河本から後事を託されたのが、赴任直後の一九二八年十月だったとして、石原が動いたのは翌年からであった。

一九二九年四月、石原は北満への参謀旅行「北満現地戦術」を企画した。張政府との有事の際、北満における対ソ戦略を念頭においたものだが、村岡軍司令官の反対で一度は棚上げとなったのが、三ヵ月後の七月に実現したのは高級参謀となった板垣の尽力である。名コンビの誕生である。

参謀旅行とは各地駐屯部隊から参加した参謀とともに各地を巡察する、参謀のための実地研修旅行と思えばよい。

七月六日、長春から始まった参謀旅行はハルビン、満洲里、ハイラル、昂々渓、洮南、四平街と北満各地を巡察し、途中車中泊も含めて同月十七日、十二日間の行程を終えた。北満を選んだのは、もとより対ソ戦に備えるためで、石原がいかにソ連を重視していたかである。

長春では北満鉄道への輸送をいかに円滑に行なうかが、ハルビンでは対岸陣地の研究、満洲里、ハイラルでの三日間は主に地形の観察、判断に費やされるなど実戦を意識したものであった。ハルビン特務機関長の沢田中佐との間では、現実にソ連軍が北満に侵入してきた場合、どのような対応が取れるかなど具体的な討議がなされた。

参謀旅行の間に石原は「戦争史大観」（於長春）、「国運回転の根本国策たる満蒙問題解決案」（於車中）、「関東軍満蒙領有計画」（於満洲里）などを発表。後の満洲国の国体、施策の根本にあたる部分である。

軍人が行なう研修旅行だから、もとより戦うことが前提だ。言葉を変えていえば戦争の下見である。石原の頭の中には、このときはっきりと事変の実像が浮かんでいたはずである。石原はそのことを確認させるために各地の参謀を参加させたのである。

参謀旅行から帰った後も、石原は連日、各地を視察、各界の要人と会うなどエネルギッシュに動く。『石原莞爾資料、国防論策編』（角田順編）の一九三一年の日記から七月十七日以降の行動を見てみよう。

七月十八日、三宅の意見を聞く。

十九日、板垣大佐訪問。

二十四日、満鉄正副総裁招待。

二十五日、花谷来る。午後板垣大佐宅にて研究。夕食、張宗昌に招待される。

二十六日、午前、将校集会所にて佐藤主計正の「奉天市政」研究。

三十一日、森恪と会談。

八月一日、遼陽に行き一泊。多門師団長及び参謀と会談。

二日、午前、林久治郎総領事訪問、物別れとなる。午後、今田訪問。

八日、陸軍省より反対の指示あり大憤慨。

十三日、片倉帰る。永田大佐へ発信。

十五日、甘粕、中野両氏来る。弥生にて夕食。

十六日、板垣大佐を出迎え、土肥原大佐も来る。花谷来たりて三人で談ず。「領土主義」に対する不徹底につき議論す。

十七日、中村事件発表。

二十二日、大迫来たり。板垣、荒井氏と弥生にて夕食。

二十三日、田中新一氏来たり。午後二時より青年連盟との座談、将校集会所。

二十五日、樋口参謀来る。

二十六日、花谷に会う後、今田と守備隊訪問。鶏冠山泊り。

二十七日、終日演習視察。独立守備隊司令官、鉄道部長あり。

二十九日、師団長訪問。村上理事と談話。

三十日、重砲隊射撃演習。

三十一日、夜、軍司令官官邸において沢田の送別会。

九月一日、午前、沢田の講話、午後に作戦計画説明。

五日、夕より大連ヤマトホテルにて大連有力者と会談。要は戦争に財政的負担大ならざれば大いにやるべしとの結論。

七日、大石橋初度巡視。

八日、海城、鞍山巡視。

九日、連山関へ。「満蒙問題私見」等を司令官に提出す。

十日、連山、奉天巡視。

十一日、午前、奉天機関及び林総領事訪問。柴山に会う。鉄嶺巡視。

十二日、公主嶺守備隊。

十三日、午後、長春部隊。

十四日、長春検閲。十五日の会議を約し今田帰る。

十五日、奉天検閲第一日。午後九時より機関にて会議、之れに先立ち建川来る飛電あり、午前三時迄議論の結果中止に一決。

十六日、出発前三谷を呼ぶ。今田、中野氏より十八日に決定。遼陽視察、夜、今田、中野来たり打ち合せ。

十七日、遼陽検閲終了。

十八日、緒戦は成功せざりしが如し。朝、甘粕来る。


日記は素っ気ないほど簡潔である。本人がわかればよく、いわばメモである。言葉の足りないところを補足すると、三宅は参謀長の三宅光治。満鉄総裁は内田康哉、副総裁は江口定条。

「花谷来れり……」は、この時期、板垣、石原、花谷の三人は、毎週のように旅順の偕行社に集まって議論を交わしている。

「この静かな環境を利用して、世界の情勢と満蒙の状態、そこから我々の取る態度方法を研究するため」と花谷が書いている（一九五六年発行雑誌・別冊知性十二月号『満洲事変はこうして計画された』）。

静かな環境とはどういうことか。一九二九年、張作霖爆殺事件の責任をとって村岡軍司令官が辞任、畑英太郎が後任に就任したばかりで、事件の余震から関東軍は動くに動けず、また世間からもしばらくは沈黙を保つと思われていたことをさすのであろうか。

張宗昌は奉天系軍閥の一人。

佐藤主計は関東軍経理部長佐野会輔の誤記ではないか。

森恪は田中義一の懐刀として東方会議を牛耳った実力者で、このときは田中が失脚し政友会総務の職にあったが、万宝山、間島の視察という名目で七月十六日に満洲に来て、八月十五日まで滞在し、帰国後、ほどなく死ぬ。文字通り命を賭けた旅だった。

森は周囲が危険だからと止めたにもかかわらず、満鉄では好んで中国鉄道に乗った。豚舎にたとえられるほどの中国鉄道にである。しかも日本人とわかれば殺されかねない。腰にピストル、杖は鉄製のゴルフパット。満鉄なら運賃七円のところが三円の格安運賃だが、もとより金ではなく、森はそうまでして満洲の生の姿が知りたかったのである。

森は出発に際して、こういい残した。

「万宝山事件は敢《あ》えて現地に行かなくても調査機関があるから事足りる。しかし俺には別な考えがある」

森は何を考えていたのか。帰国後、森は何を語ることもなくこの世を去ってしまったが、在満一月の間に実に多くの人と会った。石原はそのうちの一人。果たして何を語り合ったのか。

森が満洲を去るにあたって、内田が森のために宴を設けた。席上、森は「満洲は今や戦いの前夜というべき状態にある。しかるに整理だ、淘汰だといって満洲事情に通じている多数社員を首にするとは認識不足も甚《はなは》だしい」と公然と内田を批判し、周囲を唖然とさせた。

万宝山は長春の北東三十キロの地点にあって、鉄道からも離れ、車が通れる道もない所で、通常の視察団は万宝山を遠くから眺めるだけだが、森は馬を駆って現場へ乗り込んだ。そしてそこに「戦の前夜」を見たのであろう。

満洲には森とは刎頸《ふんけい》の交わりのある十河信二がいた。森は上海支店長時代に支店長決済の限度額五十万円をはるかに超える五百万円を孫文に革命資金として提供した剛の者。十河は戦後、国鉄総裁に就任し新幹線計画を推し進めた男である。

十河はそんな森に惚れて出入りしているうちに板垣を知った。そして一九三〇年、鉄道院から満鉄理事として大連に赴任した際、板垣と再会し、併せて石原を知る。

事変の際、関東軍と満鉄とのもっとも太いパイプとなったのが板垣・十河ライン。事変勃発当初、関東軍に徹底して背を向けていた内田が十河の説得に一転して協力派に転向、外相に就任すると、「たとえ国土が焦土と化そうとも」とまでいって関東軍を擁護、事変と満洲国建国を後押しした。

後日の話だが、一九三七年、組閣の大命を受けた林銑十郎は十河に組閣参謀を依頼。十河は板垣を陸相にすることを条件に承諾したが、陸軍大臣、参謀総長、教育総監の、いわゆる三長官の同意が得られなかったことから板垣陸相が消えると、十河はさっさと官邸を後にした。十河自身は官房長官に就任するつもりでいたし、林は十河を鉄道大臣か商工大臣にあてるつもりでいた。それをあっさり棒に振った。すべては板垣が受け入れられなかったからで、十河と板垣とはそういう仲なのである。

大迫通貞は関東軍の吉林派兵の下工作をした人物（当時少佐）。

田中新一は参謀本部作戦部長時代、ガダルカナルの戦局をめぐって東条首相兼陸相を「バカヤロー」と面罵したことで知られているが、この後（一九三二年七月）関東軍参謀に赴任、石原のもとで作戦を担当。田中は仙台幼年陸軍学校の石原の後輩で、ある時期、石原に心酔していた。

樋口（敬七郎）は独立守備隊の司令部参謀。

樋口と会った翌々日、独立守備隊の司令官森連と会っている。満鉄の鉄道部長が同席。

さらに翌々日、遼陽に第二師団長・多門二郎を訪ねた。このとき同席した村上（義一）理事が前々日会った鉄道部長なのである。つまり、村上とは間一日おいて会っている。しかも独立守備隊司令官森連、第二師団長多門二郎と一緒の席である。

これが何を物語るか。周知のように事変時、関東軍の手勢は独立守備隊、第二師団を合わせて一万四千。石原は当初の作戦として、これらの手勢の少なくとも半数近くを可能な限り早く奉天に集結させることができるか否かが成否のカギを握ると判断していた。それには足がいる。満鉄の協力が不可欠なのである。いつ事が起きても列車を動かせる状態である必要があった。

第二師団の司令部は遼陽、独立守備隊の司令部は公主嶺にあったが、第一から第六まであった大隊本部は公主嶺、奉天、大石橋、鉄嶺、鞍山（以上、満鉄本線）、連山関（安奉線）など各地に点在していた。石原と森連、多門二郎との席に村上が居合わせた理由は語るに及ぶまい。事実、事変勃発の報を受けたこれらの駅から間髪を入れず臨時列車が出た。事変翌日には満鉄本線と安奉線沿線の主要都市が関東軍の手に落ちた背景に、満鉄マンの機敏な行動があったことを忘れてはならない。

事変が近々に迫った時期の石原の足跡をたどると、実にこまめに必要な場所に足を運び、人と会っている。八月二十三日、旅順の偕行社での満洲青年連盟との会合で「腰の刀は竹光か」と問われ、「奉天撃滅は二日とかからん。事は電撃一瞬のうちに決する」と豪語したのは、こうした裏付けがあってのことである。

石原と村上の間に、どんなやりとりがあったかはわからない。推測すれば、石原は「あなたの独断で鉄道が動かせますか」くらいなことはいっているはずである。そうでないと会う意味がない。事実、村上にはそれだけの力があった。事変発生と前後して満鉄の現場が一斉に動いたのが何よりの証拠だ。総裁の内田が「関東軍への協力はまかりならん」といったにもかかわらずである。

余談だが、事変以前、満鉄と関東軍との位置関係だが、両者の合同会議で、満鉄の課長以上が出る会議に関東軍の平の参謀は出席できなかった。つまり、石原は会議に出る資格はなかった。理事でもある部長の村上の方が、はるかに格上だったのである。

村上は鉄道院から満鉄に入り、鉄道担当理事となった。戦後、参議院議員に当選し緑風会を創立。幣原内閣と吉田第三次内閣で運輸相になった人物で、やはりひとかどの人物であったのだろう。

九月五日の大連有力者との会談は板垣も一緒だった。大連市会議長、商工会議所会頭、新聞社や地元の有力企業の社長ら十人が大連ヤマトホテルの談話室に集まった。

会談をセットしたのは金井章次。国際連盟事務局保険課員から慶応大学医学部教授を経て満鉄に入社（衛生課長兼衛生研究所長、参事）。事変後は遼寧省最高顧問、奉天公署総務庁長を歴任し新国家の中枢を担った。このときは担がれて満洲青年同盟の理事長でもあった。経歴からわかるように医者ながら、卓越した政治力を有し、事変とはかぎらず満洲国建国後も満洲にとって欠かせない人物であった。リットン調査団とそれに付随して押しかけた外国プレスの応対を一手に引き受けたのは金井だった。

席上、森恪のことが話題になった。彼らは内田が森のために設けた宴席で、「満洲は戦いの前夜である」との森の発言を直《じか》に耳にしていた。

大連、旅順のある関東州は日本の租借地で、当時の国際通念では租借地は領土。イギリスが香港を自国の領土と扱ったごとく、関東州は日本の領土であった。付属地を一歩出るとそこは中国の領土の奉天など満洲内陸の日本人が抱く危機感と、大連のそれとは自《おの》ずと異なった。とはいえ、大連は満鉄の本拠地でもある。満洲が戦火に包まれたら、当然、火の粉はかぶる。

この日は板垣と石原から答えを聞くために集まったのである。

板垣が口を開いた。

「満洲を失えば、日本はヨーロッパにおけるオランダやベルギーのような小国になります。日本は今、大国か小国かの分岐点にあります。満洲が確保できれば日本だけでなく、中国の国防が安全になり、東洋の平和が確立します。満洲は大国日本を建設するには経済的にも軍事的にも、絶対に必要な戦略的拠点なのです」

一人が身を乗り出していった。

「第二の世界大戦になる可能性はありませんか。そのとき、日本や満洲はどうなりますか」

石原が答えた。

「その気遣いは無用です。海国日本は軍略的に見て自然の要塞です」

さらに石原が続けた。

「ソ連は政策を極東から近東へ転換させるでしょう。イギリスには極東にこれ以上関われない事情があります。そうなったとき満洲、日本に何の脅威がありますか」

「アメリカはどうですか……」

「先方の出方一つです」

出席者は一抹の不安を残しながら、関東軍首脳の話を直接聞けたことに満足して散会。石原は車で旅順に帰ったが、板垣はホテルに留まり、地下の食堂に下りて行った。

ほどなく十河が現われた。板垣のグラスにビールを注ぎながら十河が口を開いた。

「何とかこちらから打つ手はないのか」

その声は明らかに苛立《いらだ》っていた。中村大尉殺害事件で、在満邦人の怒りは沸点に達した。皇国の軍人が殺されても関東軍は何もできないのかと。

「ないね」

板垣の返事は素っ気なかった。

「若い者を奥地へ出張させる費用もないのに、戦《いくさ》ができるわけがないだろう」

「土肥原が日本に帰っているらしいが、痛くもない腹を探られて足止めを食っているのではないか」

「そうでもないだろう。そのうち帰ってくるから見ていたまえ」

「何かが始まるというのか……？」

身を乗り出してきた十河をはぐらかすかのように、板垣は、「それより内田総裁はどんな様子かな……」と話題を変えた。

内田が満鉄総裁に就任したのは六月十三日、事変の三月ほど前である。外相を三度務《つと》め、原、加藤内閣では臨時首相になった実力者で政党の紐附きでない総裁である。しかも副総裁が三菱グループの総理事を務めた財界の実力者・江口定条であることから満鉄内外での期待はいやでも高まった。朝鮮総督に就任した宇垣一成との間に、朝鮮と満洲を一つに貫く新構想ができつつあるなど噂が罷《まか》り通っていた。

事実、宇垣は満洲との国境地域での自然開発に力を注いだ。ことに電力開発である。「そんなに電気を作っても使いきれないのではないか」との問いに、「これでも足りない時代がくる」と答えた。かつての北朝鮮は〈電力（水力）の宝庫〉であった。にもかかわらずキム父子政権が、長年、ダムを放置し続けた結果が今日の姿なのである。ダムも補修しなければ余命が尽きる。

「期待が大き過ぎたんだ。彼はやはり霞が関の人間だよ。満洲の厳しい現実に突き当たって戸惑っているんじゃないかな」

エリート官僚に多くを期待するのはムリだといっているのである。板垣はただ頷《うなず》くだけであった。

「戦争史大観序説」が語るもの

しばらく石原の話を続ける。

伊東六十次郎は、石原莞爾研究家として知る人とぞ知る人だが、戦前、満洲・奉天にあった満洲教育専門学校（一九二五年創立）では型破りの教授として知られていた。

熱烈な国家主義者であった。専門の西洋史学（東大西洋史学卒）はそっちのけで北一輝の『日本改造法案大綱』を講義したことが教授会で問題になって学校を追われ、満洲国自治指導部に転出した変わり種であったが、在校中は板垣や石原、花谷らを招いて時局談義をするなど学生に人気があった。

戦後、抑留先のシベリアから帰国してから、石原莞爾の研究に打ち込んだ。

伊東は、石原研究の根本は「戦争史大観の序説（由来記）」と「極東国際軍事法廷における宣誓供述書」にあると指摘する。

しかし戦後の石原研究では、なぜか〈序説（由来記）〉が顧みられることが少ない。角田順氏の力作『石原莞爾資料』でも〈序説〉は省かれている。私は『世界最終戦論』（一九四二年、新正堂）の巻末に掲載された〈戦争史大観の由来記〉で知ったのだが、同じものが『最終戦争論・戦争史大観』（一九九三年、中公文庫）に掲載されてあることが、近年になってわかった。〈由来記〉と〈序説〉と中身は同じなのである。

『最終戦争論』も『戦争史大観』の〈由来記〉〈序説〉も近代史に興味のない者にとっては、面白いという代物ではない。

私の理解も底が知れているが、もっとも惹《ひ》かれたのは〈序説〉のこのくだりである。

「私が、やや軍事学の理解がつき始めてから、殊に陸大入校後、最も頭を悩ました一問題は、日露戦争に対する疑惑であった。日露戦争は、たしかに日本の大勝利であった。しかしいかに考究しても、その勝利が僥倖の上に立っていたように感ぜられる。もしロシアが、もう少し頑張って抗戦を持続したなら、日本の勝利は危なかったのではなかろうか」

戦前の日本陸軍の軍事戦略研究は日露戦争を絶対の正とし、それを批判することは許されなかった。陸大の講義は十年一日がごとく日露戦争のオウム返しで、答案用紙にそれと別のことを書いたらバツであった。このことは前にも書いたが、石原は陸大の生徒のときに、この過《あやま》ちに気づいていた。

つまり、日本が大国として世界に一歩を踏み出した日露戦争の勝利を否定することが、軍略家石原のスタートとなったのである。石原が満洲事変の際、北満進攻にあくまでこだわったのもここに原点がある。ソ連への興味、言い換えればソ連への警戒心が、石原を北満へと駆り立てたのである。

満洲事変発端記念日

伊東は『中央公論歴史と人物』〈通巻百五十七号〉の特集〈満洲事変を考えなお

す〉に、「戦争史大観の序説」を引用して、「満洲事変と石原莞爾」という表題の長文を寄せている。

「昭和四年五月一日に関東軍司令部で各地の特務機関長を集め、いわゆる情報会議が行なわれた。当時の軍司令官は村岡中将で、河本大佐はその直前に転出し、板垣征四郎大佐は着任したばかりであった。奉天の秦（彦三郎）少将、吉林の林大八大佐等がいたように覚えている。

この会議はすこぶる重大意義を持つにいたった。

それは張作霖爆死後の状況は、どうも満洲問題もこのままでは納まりそうもなく、今後何か一度、事が起こったなら、結局、全面的軍事行動となる恐れが充分にあるから、これに対する徹底せる研究が必要だとの結論に達したのであった。

その結果、昭和四年七月、板垣大佐を統裁官とし、関東軍、独立守備隊、駐劄《ちゅうさつ》師団の参謀等を以て、ハルビン、チチハル、ハイラル、満洲里方面に参謀演習旅行を行なった」

伊東はこの中にポイントが三つあるという。

(1)「この会議はすこぶる重大意義を持つにいたった」

(2)「張作霖爆死後の状況は、どうも満洲問題もこのままでは納まりそうもなく」

(3)「今後何か一度、事が起こったなら、結局、全面的軍事行動となる恐れが充分にある」

以下は伊東の注釈である。

(1)「この会議はすこぶる重大意義を持つにいたった」

「当時の日本陸軍の参謀会議においては、まず情報主任参謀が発言し討議して情勢判断が確定し、次に作戦主任参謀が発言してこの情勢判断の局面に対処する作戦方針を決議し、最後に後方主任参謀が発言して、この作戦行動のための輸送、通信、補給兵站関係を決定する習慣でした。

したがって、石原が作戦主任参謀として計画を立案するためには、関東軍としての情勢判断が確定することが前提で、この情報会議において、関東軍の情報判断が決定したことによって、作戦計画の立案策定が可能になりました」（伊東）

つまり伊東は、この時点で石原は関東軍作戦主任参謀として、踏むべき手順をすべて踏んだ、言い換えれば、満洲で軍事行動を起こすに際して、石原はフリーハンドを手にしたといっているのである。

「巨頭を斃《たお》す。これ以外に満洲問題解決の鍵はないと観じた。一個の張作霖を抹殺すれば足りるのである」（『私が張作霖を殺した』一九五四年「文藝春秋」十二月号）として皇姑屯に爆弾を仕掛けた河本とは、基本認識において格段の差があると、伊東はいいたげである。

ちなみに石原は後日、伊東にこう伝えたという。

「五月一日は事実上の満洲事変発端の記念日。会議終了後、黄金台砲台下の海岸で釣りをしたのを、アメリカから帰朝したばかりの堀内一雄少佐が、当時、日本に珍しかった十六ミリ撮影機で一同を撮影した写真を保存しておいてほしい」

しかし写真は堀内の手元になく、関東軍司令部の倉庫に保管されてあって取り出し不能とのことで、日の目を見ることはなかった。
(2)「張作霖爆死後の状況は、どうも満洲問題もこのままでは納まりそうもなく」
「張学良にとって関東軍は不倶戴天の親の仇となったので、妥協の道は失われ、張学良は青天白日旗をかかげて南京政府に服属し、南京の国民政府の外交方針に従って関東州租借地の返還、満鉄の回収、日本軍の満洲撤退等を要求するようになると『武力行使以外に満洲問題の解決が不可能になることが充分』予想されました」(伊東)
関東州の租借権、満鉄の経営権、そして日本軍の駐箚権など日本の権益は中国のみならず国際社会(ポーツマス条約と日清満洲善後条約)も認めたもので、状況が合わなくなったというなら、まず外交を舞台に話し合うのが筋。国際条約は一方が破棄すればチャラになるという性質のものではない。

「このままでは納まりそうにもない」とは、日本の要路にあった人すべてがそう思っていた。思っていたけど、何もしなかった。張学良を懐柔すれば何とかなると、たかをくっていたようだ。蔣介石が北伐を止めたことで、満洲は悪くても当分は現状維持が続くと思ったのだろうか。

不思議な話だが、戦争が仕事の軍人でさえ、あのときは「戦争をやろう」とはいわなかった。軍人が再び戦争する気になったのは満洲建国が軌道に乗ってからである。満洲国は建国の精神にいちじるしく乖離《かいり》していたが、それは軍部が望むところだった。石原を好戦主義者のようにいう人がいるが、「戦争術の極度の発展が戦争を不可能にする」という根本認識は実は戦争を否定している。『最終戦争論』は永久平和待望論でもあるのだ。

しかし、それにしても事変の第一報を受けたときの幣原《しではら》喜重郎外相のこのセリフ「このままにしておけば大変なことになる。単に青年将校の前途をあやまるのみならず、大いにして国家の前途を危うくする。これはよほど注意しなければならん。陸相は一生懸命になって、軍規の維持に全力を尽くしてもらいたい」は、いかにも情けない。陸相に対して軍規云々をする前に、外相としてのやるべきことをやったのかと問いたい。まさに対岸の火事、危機管理能力ゼロである。

(3)「今後何か一度、事が起こったなら、結局、全面的軍事行動となる恐れが充分にある」

「張作霖時代は満洲政権はほとんど支那本部の政権から独立しており、何かあっても責任者の処罰、賠償、最高責任者の謝罪によって地方的に解決できたが、張学良時代となって満洲政権そのものが組織的に排日行動を扇動し、継続するようになると、満洲政権そのものに鉄槌を下す以外に解決の方法がありません。(中略)張学良政権を満洲から駆逐する以外に日本の満洲政策を遂行する方法がなくなりました」(伊東)

石原はなぜ満洲を必要としたか

私はこの第三の項目に、もっとも重大な意味があると思う。満洲(張)政府が地方政権であるうちは、問題は地方、すなわち満洲で解決できたが、満洲政府と中央政府とが一体となった時点で、もはや地方だけでの解決は不可能だ。盧溝橋の発砲事件が作霖時代の満洲で起きていたら、満洲の問題として解決できた可能性がある。少なくともあのような大火(日中戦争)にはならなかった。

最初の一弾が放たれてから、何度かまとまりかけた和議工作がつぎつぎとダメになったのは〈赤い手〉と〈黒い手〉の仕業とされている。〈赤い手〉は中国共産党、〈黒い手〉は冀東《きとう》政権下で膨大な権益を目論んでいた日本のとある勢力であった。彼らは華北を「第二の満洲」にしようと企《たくら》んでいた。

周知のように、石原は中国と戦争する気はなかった。第一作戦部長時代、石原は外務省東亜局長の石射猪太郎に、「私の目の黒いうちは、中国に一兵も出さない」と明言。石射は事変当時、関東軍に逆らって拡大に反対した吉林総領事であった。北にソ連、将来の敵としてアメリカが意識にあった石原にとって、中国は味方にしなければならない国であった。ちょっと理解しがたいことかもしれないが、石原は中国と戦わないために満洲で事変を起こしたのである。石原にとって事変を起こす大きな動機の一つでもあった。勝手な理屈ではあるが、日本が大国として存立するのに満洲は不可欠であった。これは当時としては、それほど非常識な考えでもなく、日本の常識であった。

一九三六年の内蒙古工作、一九三七年の盧溝橋事件は石原が参謀本部の戦争指導課長、作戦部長のときに発生した。石原は職を賭して不拡大を主張したが、拡大派の大合唱に押し切られ、一九三七年九月、満洲に追われた。身分は関東軍参謀副長である。

そのころ満洲には東条英機が関東軍参謀長でいた。後に石原の天敵となる男だ。東条の在満期間は一九三五年九月から三八年五月の約三年。東条が上、石原が下の関係にあったのは、わずか八ヵ月であったが、二人の不仲はこのときに始まった。これは日本の不幸の始まりでもあった。東条と石原との折り合いがついていたら、日本はどこかでブレーキがかかっていた。真珠湾攻撃がなかった可能性もあるのである。

満洲時代の二人をよく知る大迫通貞によれば、最初から二人の仲が悪かったわけではなかった。しかし、満洲に石原を歓迎する空気は、最初からなかった。

石原は満洲に乗り込むにあたって、関東軍の内面指導を撤回し、満鉄を満洲国法人として、関東州を満洲国に譲与すると共に日満間に共通する経済問題を公正妥当に決定するための機関を東京に設置するという構想を持っていた。満洲国の独立性を高めつつ、日満の連携を深めようというのである。石原にしてみれば、満洲事変の総仕上げであった。しかし、満洲の状況は石原の及びもつかない方向に進んでいた。この場合、堕落、退化と見るべきであろう。

石原の前に立ちはだかったのは古巣関東軍だった。人事をふくめて満洲国のあらゆる政策の最終決定権は関東軍（第四課）が掌握していた。彼らの特権である内面指導を暫時縮小しようとして乗り込んできた石原に、関東軍がいい顔をするはずがなかった。

それで満洲国内に何が起こったかというと、茶坊主たちが一斉に東条のもとに集まったのである。東条には関東憲兵隊司令官時代からの知己、部下が大勢いた。東条に与《くみ》して利を得ている者たちが、石原のあることないことを東条の耳に入れた。それだけではおさまらず「あなたの郵便を憲兵がすべて検閲している」と石原に告げ口する者まで現われた。ここまでくると石原も疑心暗鬼にならざるをえない。こうしたことの積み重ねが有名な「上等兵」発言につながるのである。

そう証言する大迫は事変の際、特務機関員として吉林、ハルビンなどで甘粕と共にテロ行為を扇動した人物で、事変後は満洲国軍顧問（中佐）として吉林、ハルビンに勤務した。事変とその後の満洲の裏も表も熟知した男といえる。満洲国軍は建国直後に誕生した国防軍で、少数の指導者を除いて現地人で構成され、その数は約十四万人。石原は満洲を〈赤い手〉から守ったが、石原も、そして満洲国も〈黒い手〉によって潰されたともいえる。満洲の場合の〈黒い手〉とは内面指導のことである。

軍部も外務省も事変を心待ちしていた

参謀本部は例年四月にその年度の情勢判断を行なうのを通例としていた。『昭和六年（一九三一年）情勢判断』は当時、第二部長の建川美次少将を中心に各班長が意見を開陳しまとめられた。中心は満洲だ。「満洲問題をいかにして処理するか」についてロシア班長の橋本が「満洲に事変を惹起《じやつき》し、政府がこれに追従しないときは軍をもってクーデターを決行すれば満洲問題の遂行は易々である」と発言し、一同を唖然とさせたが、桜会以来の同志である建川も、さすがにこれは無視した。

以上は『日本外交史、第一八巻、満洲事変』(編者鹿島平和研究所)にあったものだが、以下もそれにならうと、会議は「条約又は契約に基づき正当に取得したる我が権益が支那側の背信不法行為により阻害せられたる現状を打開し、我が権益の実際的効果を確保し、更に之れを拡大することに勉む」とする現状認識でまとまった。

その上に第一段階として〈張学良政権に代わる親日政権を満洲に樹立する〉、第二段階として〈けだし中国主権下から切り離した独立国家たらしめるか〉、第三段階として〈満蒙を領有、すなわち日本の領土とする〉ことがもりこまれた。

結果として満洲に第二段階の独立国家(傀儡《かいらい》ではあったが、形は独立国家)が誕生したのだが、事変が起きる半年前に参謀本部は、ここまでのことは想定していたのである。いや想定というより、「あり得ること」、もしくは「望ましいこと」と実質、容認、期待していたのである。

事変の前後、実質的に何の決断、決定もなさなかった政府、軍部首脳との言葉の行き違いをとらえて、「独走」と関東軍と石原を非難するのは筋違いであると伊東は怒っているのである。

『戦争史大観の序説』の中に、こんな件《くだり》がある。

「事変勃発後は『太平洋決戦』が逐次問題になり、事変前から唱導されていた伊東六十次郎君の歴史観と一致する点があった」

石原の文の中に伊東の名が出ている。石原は伊東を同志と認めているのである。

六月十一日、建川を委員長として陸軍省の永田鉄山軍事課長、岡村寧次補佐課長、参謀本部の山脇正隆編制課長、渡久雄欧米課長、重藤千秋支那課長を委員とした委員会が設けられ、数次の会合を重ねた結果、先の「情勢判断」への対策としての「対満政策」の原案が完成し、さらに五課長会で検討を経て「満蒙問題解決方策の大綱」が決定した。課長会というと軽い気がするが、下剋上が進む当時としては、現場に影響力を駆使しうる中央の最高決定機関なのである。つまりそれより上は、当時、すでに飾り雛であった。

「満蒙問題解決方策の大綱」の骨子は、
一　関東軍の行動を慎重ならしめるよう、陸軍中央部として遺憾なきよう指導する。
一　右の努力にもかかわらず、排日行動の発展を見ることになれば、軍事行動のやむなきに到ることがあるであろう。

一　陸軍大臣は閣議を通じて、現地の情況を各大臣に知悉《ちしつ》せるよう努力する。

一　陸軍省軍務局と参謀本部情報部とは、緊密に外務省関係部課と連絡の上、関係列国に満洲で行なわれている排日行動の実際を承知させ、万一にも我が軍事行動を必要とする事態に到ったときは、列国として日本の決意を諒とし、不当な反対圧迫の挙に出ないように事前に周到な工作案を立てる。

一　軍事行動の場合、如何なる兵力を必要とするかは、関東軍と協議の上、作戦部において計画し上長の決裁を求める。

一　内外の理解を求めるための施策は、約一ヵ年、即ち来春迄を期間とし、実施の周到を期す。

一　関東軍首脳に中央の方針意図を熟知させ、来る一年間は隠忍自重の上、排日行為から生ずる紛争に巻き込まれることを避け、万一にも紛争が生じたときは、局部的に処置することにとどめる。

満洲において軍事行動が勃発することを前提としていることは明白である。そしてその上での準備、対応を確認したのである。ただし「一年間は関東軍に我慢してほしい」という陸軍中央の本音、つまり無策が覗《のぞ》いている。一年先の展望がないから、こういう文言になるのである。

この大綱を見た外務省の反応はこうであった。

「殆《ほと》ど同時期に幣原外相と重光在支代理公使、谷アジア局長が治外法権問題について協議した末到着した『同問題を堅実に行き詰まらせる方針』に何となく似通っているように感じる。外務省の堅実に行き詰まらせる方針とは、私の諒するところでは『支那との治外法権問題交渉で、日本は公正妥当、コンプロマイジング（妥協的）な態度で忍耐深く行く。之れに対して革命中国は勝手なことを主張し、既存条約批判の行動に出て来るであろう。そういう状況が続けば列国も日本の公正妥当なる態度に対し支那は余りにもヒド過ぎると見るようになり、世界の輿論《よろん》は日本に対して有利になってくる。そうなれば日本は何等か新規の方策が出で得るであろう』ということである。陸軍の方針大綱も『満洲における支那側のひどい排日行動に対して、結局武力を使うほかないだろうが、そのためには国論及び列強の反対を招かないために、或る時間をかけてPRに努める』というのである」（『満洲事変の思い出』守島伍郎＝当時外務省アジア局第一課長）

何と陸軍省だけでなく、外務省も自主的な解決策を持たなかったのである。国際世論を味方にするために、何をしたかといえば、実は何もしなかった。事変のほとぼりもさめない満洲に国際連盟はリットン調査団を派遣した。一行は一九三二年四月二十日から六月四日まで四十六日間、満洲に滞在したが、日本政府と外務省は満洲での応対は、すべて満鉄に一任。随行記者団も含めると百名に及ぶ大集団を接待するために、満鉄は三十名からなる特別チームを編成。移動宿泊費用、道中の飲み食いの費用から土産代まですべて満鉄が負担、出費総額は四百三十万円に及んだ。土産の一つに「乾隆御製盛京賦」（満蒙篆字各体図版）があった。本体は国宝級で奉天図書館秘蔵の品だった。満鉄はこれに英文の解説をつけて豪華版普及版あわせて八十部を特別印刷し一行に配ったところ、リットンは「満洲国旅行中における最大の収穫なり」と喜んだというから、物見遊山とまではいわないまでも、調査する側もされる側もその程度のものでしかなかったのである。さらに語るに落ちる話だが、「せめてものペナルティーとして日本周辺の海上封鎖をせよ」との声が連盟の一部で起きたが、最大の海軍国のイギリスの答えは「われわれには日本を封鎖できるほどの艦船がない」。日本の連盟脱退でダメージを受けたのは日本だけでなく、はからずも無力さを露呈したイギリス、そして連盟自身であった。

しかし、それでも連盟が瓦解しなかったのは、ヨーロッパで〈事変〉が起きる危険性が身近に迫っていたからである。すなわちドイツである。一九三三年、ヒトラーが首相に就任、ナチスが議会の過半数を占めた。ヨーロッパの暗雲は、すでに身近に迫っていたのである。

重光葵が代理公使時代に、幣原に送った文書『満洲事変と重光駐華公使報告書』が外務省外交史料館に残っている。二百字詰め原稿用紙六八六枚に及ぶ膨大な量である。私はその一部を服部龍二の著作から垣間見たにすぎないが、当時、中国における反日の空気の激しさが痛いほど伝わって来る。中国は欧米諸国を味方に引き入れて、日本の前に立ちふさがったのである。

同じ外交官として吉田はこう振り返る。

「あくまでも原則を守ろうとした幣原外相のやり方は、現地にあって権謀術策が行なわれているのを、実際に知っていた人々からは物足りなくみえたであろう。しかも幣原外相は職業的外交官としての責任と自信から、こうした人々の世論にあまり注意を払わず、国民の納得を得るための努力をしてこなかった」(『日本を決定した百年』中公文庫)

満洲事変は、世界を揺るがす大事件であったのである。

関東軍の軍事行動は柳条湖に始まってハルビン攻略で幕を閉じた。約五ヵ月で広大地域(東北三省)を制圧したのは、世界の軍事史上類がない。しかしそれを可能にしたのは、くどいようだが満鉄であった。満洲に根を下ろして二十五年に培《つちか》った満鉄の底力である。

本書もいよいよ最終段階を迎える。満鉄はいかに戦ったかである。

第六章——暗雲

中村大尉殺害事件と万宝山事件

事変直前に連続して起きた中村大尉殺害事件、万宝山事件は、前途に暗雲を感じさせるものではあったが、両事件を事変の引き金とするにはムリがある。軍人一人が殺されたぐらいでは戦争にならない。関東軍も腹に据えかねてはいたが、これが戦争の口実になるとまでは思っていなかった。万宝山事件は小火が大火になったのは、満洲ではなく朝鮮に飛び火してからで、日本の官憲がウチワで煽《あお》ったからである。

紙幅の関係で事件の詳細まで記せないが、殺害された中村震太郎は参謀本部兵站部《へいたんぶ》の大尉で、洮南《とうなん》以西、東部蒙古地方で戦闘となった場合の給水問題を調査中に現地軍に捕縛《ほばく》され、当局発行の旅行証を携帯していたにもかかわらず銃殺された。同地方はかねてから紛争多発地域で、また山本条約の一つ洮索鉄道の建設が始まったばかりで、張政府側は日本側の必要以上の立ち入りを拒んでいた。

石原ら北満現地演習旅行の一行が帰途、洮南に立ち寄ったところ、予定なら到着しているはずの中村が姿を見せていないことから、いったん奉天に戻った後、片倉衷大尉を中心とする捜索隊を現地に派遣することになった。中村と片倉は陸士、陸大の同期の、いわゆる「おまえ、おれ」の仲だ。

捜査の結果、中村は六月二十七日、現地軍の手で銃殺されていたことが判明。張政府と関東軍（奉天特務機関）との間で厳しい折衝が行なわれていたが、交渉が外務省に委ねられることになったことから、八月十七日、関東軍は事件を公表。だが交渉は遅々として進展せず、九月になって、ようやく奉天政府は事件を認め、殺害犯の身柄を拘束したが、取り調べを始めた旨を日本側に知らせてきたのは十八日、奇しくも事変当日であった。

奉天総領事は交渉の窓口になったものの、奉天特務機関長が鈴木美通少将から土肥原に代わったこと、その間、直接タッチしていた花谷が関東軍参謀に転出したことなどから、一時、情報は途切れた。中国側が犯人の取り調べにかかったことを、林は花谷の報告で知ったのである。

花谷の周辺には、質のよくない不逞浪人がゴロをゴロを巻いていた。花谷は浪人たちを利用してこの問題で総領事、陸軍中央を揺さぶり、あわよくば事変の発端としようとしていた節がある。それでは、まるで河本の二の舞だ。花谷が最終段階で計画からはずされた理由の一つは、板垣も石原もそんな花谷に危うさを感じていたからである。

しかし、事件を知った在満邦人の怒りが沸騰したのは事実である。「仲間が殺されて報復もできないのかッ」と関東軍を突き上げた。

万宝山事件は長春郊外に起きた中国人地主と朝鮮人小作農民との土地の貸借関係のもつれによるものだが、事件の背後には排日があった。その矛先が弱い立場の朝鮮人に向けられたのである。韓国が日本に併合されてから、満洲における朝鮮人（約百万人）は名目上は日本人に準じるとされていたが、そのことがかえって仇となって中国人の憎しみの対象となった。すなわち「朝鮮人は日本の満洲侵略の手先」と見られたのである。事件は双方が過剰に反応したことによって、ついに発砲事件（七月一日）にまで発展。火の粉は朝鮮にまで及び、七月五日、六日、平壌では朝鮮人が大挙して中国人の商店、住居を襲い、中国人の死者が百名を越える大惨事となった。暴動に対して、日本の警官の行動が消極的だったことから、日本が騒動を煽ったとの疑いがもたれた。

八月十八日、中村大尉殺害事件が記事解禁となると、日本国内の各紙は大々的に報じた。

「支那側の日本に対する傲慢の昂じた結果であり、日本人を侮辱しきった行為……支那側に一点の容赦すべきところはない。わが当局が断固として支那側暴虐の罪をただすこと、これ吾人衷心よりの願望である」（朝日新聞）

「暴支膺懲」の声は、たちまち全国民の声となった。

一方、政府、軍部の反応はどうであったか。

九月五日、幣原外相は林奉天総領事に、つぎのような警報を打電。

「最近、関東軍板垣大佐等は、貴地方面に於いて相当豊富なる資金を擁し、国粋会その他支那浪人を操縦し、種々策動に努めおり、特に中村事件の交渉はかばかしからざるに顧み、本月中旬を期し具体的運動を決行することとなれりとの聞き込みあり……」

「支那浪人云々」は先にあげた花谷の関連だ。「相当豊富な資金」についてだが、このころ内地で河本が金策に奔走していたことをさす。板垣が河本にグチったように、関東軍には金がなかった。一説によれば、機密費はたったの一万円。一万円では不逞《ふてい》浪人を操縦することさえできない。

平野零児の『満洲の陰謀者』には、「金主は藤田勇、重藤千秋中佐の仲立ち」とある。西木正明の『其の逝く処を知らず』（集英社文庫）によれば、藤田勇は「東京毎日新聞、三重新聞、茨城日報などを次々に買収、経営に携わり、政財界の要路の知遇を得た人物」で、藤田は上海派遣軍参謀の長勇中佐と組んで、イラン産のアヘンを中国に輸入し膨大な利益を得たとある。

河本は藤田が用立てた七万円のうち、とりあえず現金三万円を持って飛行機で満洲に飛んだ。九月七日、河本は行き付けの奉天の十間房にある待合「みどり」で板垣、石原に「金を遣うのは得意だが、集めるのは苦手だ」といって新聞紙に包んだ三百枚の百円札を渡した。石原に「外に出て人に顔を見られたらまずい」といわれて、河本はそのまま「みどり」に長逗留を決め込んで事件の十八日を迎えた。

「みどり」は建川が酔い潰れた「菊文」のある柳町とは隣町、距離にすれば四、五百メートルあるかないか。偶然とはいえ、事変当夜、二人の黒幕が奉天にいて片や酔い潰れ、片やは芸者相手にマージャンに興じていたのである。さながら忠臣蔵の大石内蔵助気取りだ。

相良の著書『赤い夕陽の満州野が原に』では、金主に藤田の名はなく某実業家、金額も十万円となっているが、同一人物であろう。事変が成功したら某実業家に十倍にして返す約束になっていたとある。

　そして事変が成功すると、某実業家は本気で返済を求めた。本庄は、「利権屋などから巨額の金を借りるとは何事か」と板垣を叱責した。本庄は関東軍の金庫が空だったのを知らなかったのである。

　河本は後日、この場面をこう述懐している（森のインタビューに答えて）。

「板垣は本庄に叱られて浮かない顔をしていた。そこで自分が本庄のところに乗り込んでいった。今度の事変は如何にして起こったか知っているかといったら、本庄は柳条湖事件によって起こったと答えた。そこで私はいってやった。上に立つ者がそんな簡単な考えでは駄目だ。このように事が運んだのは、決して生易しいことではない。色々準備も必要だし、沢山の費用も入用だ。その金の面倒を板垣や下の者たちが苦心惨憺してやったのに利権屋を呼んだというのも、皆その後始末のためなのである。そんな下の苦労も知らずに責めるとは何事か」

　本庄は「知らなかった」と詫び返済を約束したが、橋本虎之助参謀長の財布のヒモが固いことから、河本は荒木陸相に泣き込み、軍の機密費から捻出した金を某実業家に返済した。何倍にして返済したかは不明だ。

それは撫順に始まった

前記九月五日の幣原電のその後である。

七日、天皇がご静養先の那須から東京に戻った。「軍紀について世間にとかくの批判をきくがどうか」とのきつい御下問を受けて、元老《げんろう》西園寺公望は南次郎陸相を呼んで、「所謂《いわゆる》ゴロツキとか浮浪人とか、右傾の暴力団のような者を送っていることが、頗《すこぶ》る面白くない。殊《こと》に軍部がかくのごとき者を利用するに至っては、国家の面目上、また日本軍の威信の上からいっても頗るよくないことである。（略）満蒙の土地と雖《いえど》も支那の領土である以上、事外交に関しては、すべて外務大臣に一任すべきであって、軍が先走ってとやかくいうのははなはだけしからんことである」と厳しく咎《とが》めた。

元老とはいえ西園寺が現役の陸相にこんなものいいをするのは、これが初めてだという。南はひたすら恐縮して下がったというが、戦後、戦犯として巣鴨拘置所に収容された南は、重光葵に「外交とは軍の尻拭いをすることであると思っていた」ともらしたというから、何ともお粗末。陸軍大臣にしてそうだから、出先機関のはねっ返りに外交が何であるかがわからないのも当然といえる。

九月十五日、幣原は奉天の林から機密電報を受け取った。

「関東軍が軍隊の集結を行ない、弾薬資材を持ち出し、近く軍事行動を起こす形勢にある」

このことが幣原から南に伝えられて、建川が満洲に行くことになったのである。

林は何を根拠にそう判断したのか。林の遺稿『満洲事変と奉天総領事』によればこうである。

十日に本庄が奉天に来ると知った林が本庄に会食を申し入れたところ、「検閲中につき」という理由で石原に阻まれた。旧知の間柄の本庄を気軽な気持ちで食事に誘ったのだが、断わられたのを、林が「軍幹部は既に当時非常に緊張の様子を見せていた」と感じ取ったのであろうか。

十日は奉天神社秋季大祭で数々の神事が行なわれ、夜に至るまで市中が賑わう中、歩兵第二十九連隊、独立守備隊、憲兵隊、特務機関らによる大規模な夜間訓練が、およそ一時間半にわたって行なわれたことに、市民のみならず林もまた尋常ならざるものを感じたはずである。しかし、本庄日記には「奉天神社、忠霊塔に参拝。午後六時半より大和ホテルに居留民を招待、終わりて林総領事より粋山に招かる」とある。林は会食は断わられたといっているが、本庄は会食したといっている。

しかし、そのころ撫順《ぶじゅん》では、容易ならざる事態が起こっていた。

十七日夜、満鉄の木村鋭市理事から林に電話があった。

「撫順が大変なことになっている。明日、炭鉱の庶務課長が報告に行くから話を聞いてほしい」

大変なこととはこういうことである。十四日、撫順駐屯の独立守備隊第二大隊第二中隊長川上精一大尉が緊急警備会議を召集。集まったのは警察署長、憲兵分隊長、在郷軍人会長、撫順と大官屯駅長、そして炭鉱の庶務課長。

「本隊は十八日午後十一時半頃、同地を出発することになった。奉天工兵廠、飛行場を襲撃する計画である。満鉄はそのための列車を準備してほしい。ついてはわれわれの出動中の炭鉱警備、邦人警護については在郷軍人会を中心によろしくお願いしたい」

出席者一同は中村大尉殺害事件にたいして、曖昧な態度を取り続ける中国側に関東軍が、いよいよ鉄槌《てっつい》を下すものと受け取り、期せずして拍手が起きた。「奉天政府の最終回答が十八日に寄せられると聞いていますが、回答次第ということですか」との問いに川上は言葉を濁したが、出席者のみながそう受けとった。

しかし、庶務課長は拍手どころではなかった。撫順炭鉱（満鉄直営）は満洲一の炭鉱で満鉄のドル箱だが、このところ奉天政府の炭鉱への締め付けは厳しくなる一方で、一九三〇年には既定契約を一方的に破棄し、高率の輸出税を課してきたことから、経営は圧迫されていた。

炭鉱には四万人を超える中国人労働者（苦力《クーリー》）が働いている。対する日本人は一万数千人。街の中心である日本人街の周囲はぐるり中国人居住区。

今は平静な状態にあるが、奉天で火の手があがったとなれば何が起きるかわからない。暴動にでもなれば警察、憲兵や在郷軍人の手には負えない。炭鉱への打撃はもとより、日本人の生命も危うい。

事は重大と認識した、庶務課長はこのことを本社に電報で知らせた。入れ代わりに炭鉱担当の伍堂卓雄理事が撫順にきた。庶務課長から話を聞いた伍堂が川上に会って質《ただ》したところ、ほぼ同じ答えが返ってきた。撫順駅には、四両編成の臨時列車がスタンバイしてあった。

伍堂はこのことを奉天に常駐している木村理事に電話で知らせた。時局は伍堂の予想を超えて緊迫の度を増しているようだった。四万人の苦力が暴動を起こしたら炭鉱はどうなるか。

しかし電話を受けた木村は仮定の段階である以上、話の持って行き場所がない。とりあえず総領事の林に知らせることにした。翌日、伍堂の指示で庶務課長は総領事館に向かった。

満洲は陸軍の天下である。海軍出身というだけで、伍堂は関東軍から受けが悪かった。木村は幣原の秘蔵っ子で、外務省のアジア局長から前年八月、張学良との鉄道交渉専任理事として満鉄入りしたものの、学良とその側近にいいようにあしらわれていた。海千山千の山本でさえてこずった相手に、エリート官僚は歯が立たなかった。

鉄道問題が下手に片づくのも、また現状が継続するのも好まない関東軍は、立ち往生する木村を陰で冷笑していた。理事とはいえ満鉄に出向するのは、出世コースから外れることで、木村は好んで満洲にきたのではなかった。

事が予想外な方向に動きだしたことに慌てた川上は十七日、庶務課長に口頭で計画中止を伝えたが、本当のところは奉天工兵廠、飛行場襲撃は演習であったのを、意味ありげにいったことが誤解されたのであった。

しかし庶務課長から直に報告を受けた林は、すでに幣原に電報でその旨を知らせ、本庄には私信でもって伝えていた。

参謀本部に関東軍から事変の第一報が届いたのは九月十九日午前一時七分だが、林の電報はそれ以前に外務省に届いていた。

爆破直後の奉天駅

線路が爆破されただけではただの事故である。一般社会と関連して初めて事変となる。

『別冊一億人の昭和史・日本植民地史(4)続満洲』(毎日新聞社)にこんな記事があった。読者の投稿で、投稿者は事変当夜、夜勤だった奉天駅構内助役。以下はそのあらましだ。

九月十八日時刻は夜十時半頃。爆破の現場の柳条湖から、およそ七・五キロ離れた奉天駅は、ほどなく到着するはずの長春発大連行の急行十四列車を送り出せば、後は列車三本を残すだけで一日の業務が終了することから、構内はくつろいだ雰囲気が漂っていた。、

当直の構内助役が十四列車の到着に合わせてカンテラを片手にホームに出た。十四列車には大連に行く木村理事を見送りきた関係者二十人ほどがたむろしていた。ほどなく列車が到着した。爆破直後に現場を通過した問題の列車だ。外見は平常と変わらない。この時点では爆破のあったことは、乗客も駅関係者も知らない。ホームはしばらく乗降客で込みあう。満鉄沿線最大の都市である奉天駅は深夜の最終便でも乗降客は多い。奉天駅では機関士、車掌ら乗務員も交替する。そんな喧騒《けんそう》の中、駆け寄ってきた電話当番が助役に告げた。

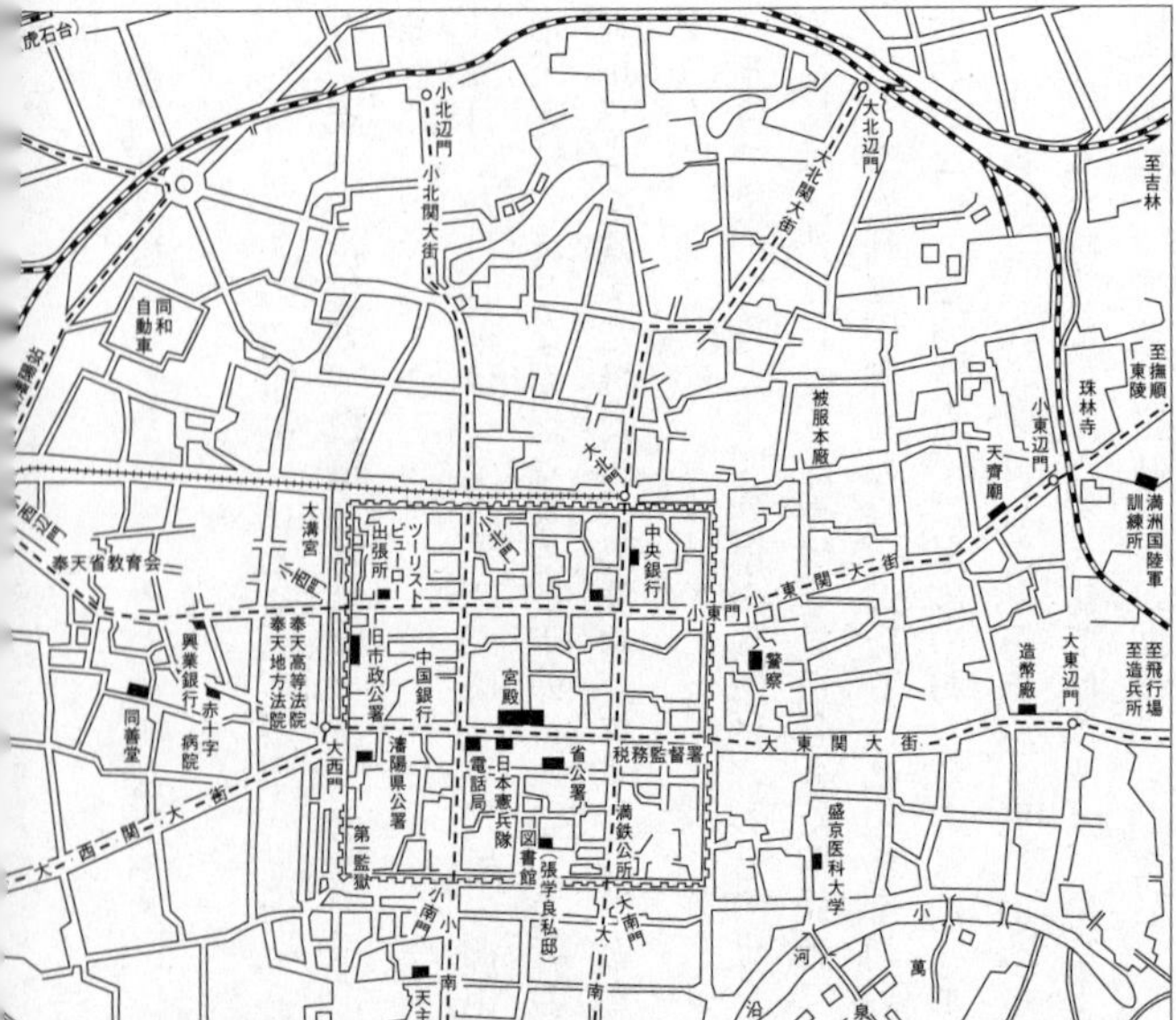

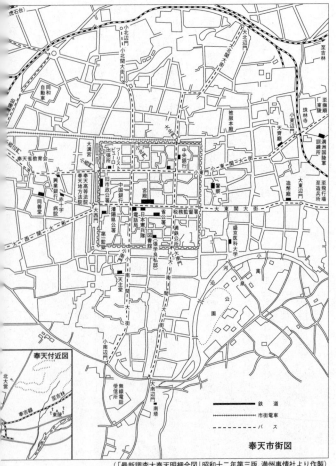

（「最新調査大奉天明細全図」昭和十二年第三版、満州事情社より作製）

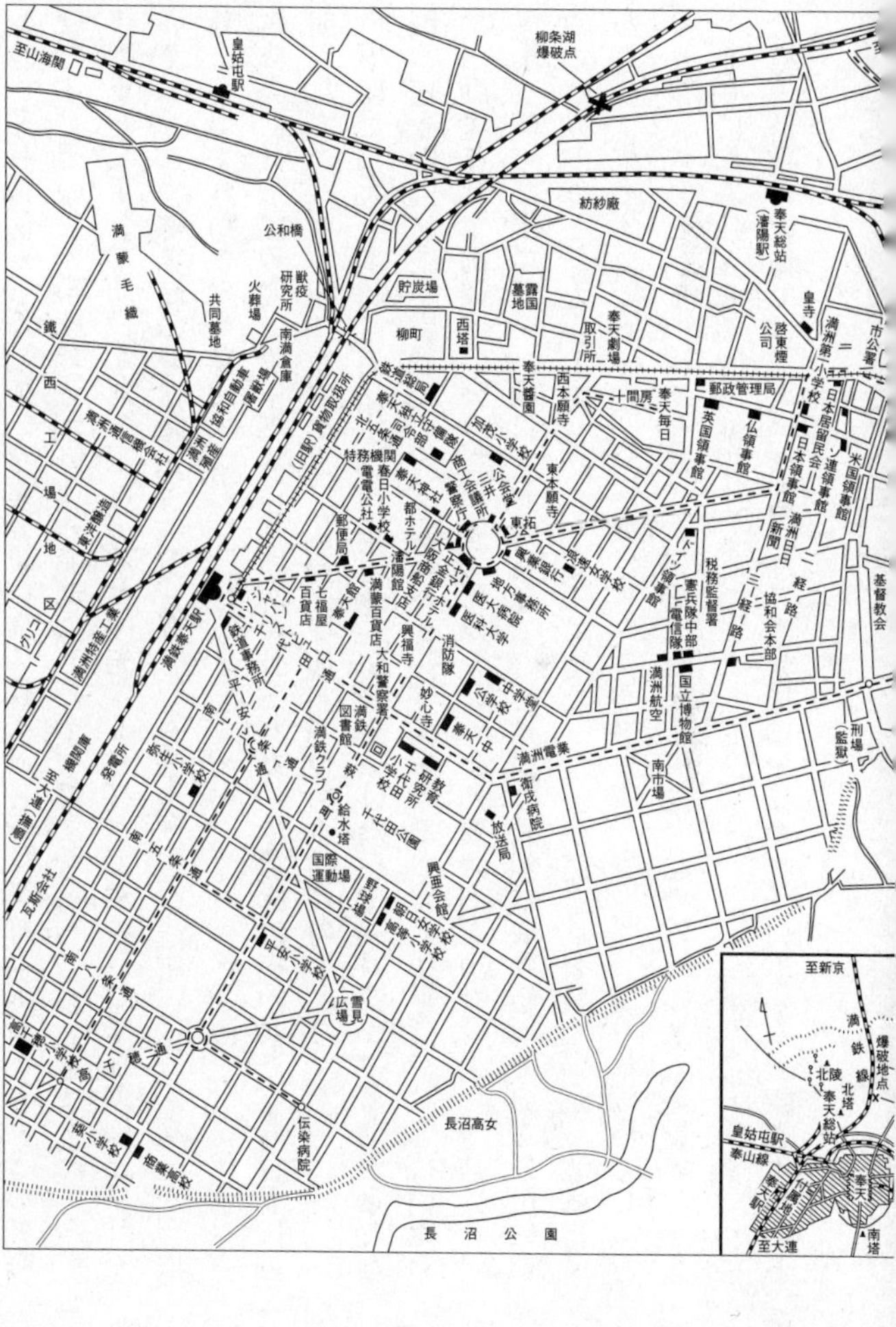
至山海関
皇姑屯駅
柳条湖
爆破点
満蒙毛織
公和橋
獣疫研究所
火葬場
共同墓地
南満倉庫
貯炭場
露国墓地
紡紗廠
奉天総站
（瀋陽駅）
皇寺
啓東煙公司
市公署
西塔
柳町
取引所
奉天劇場
満洲第一小学校
西本願寺
十間房
奉天毎日
郵政管理局
英国領事館
仏領事館
日本居留民会
日本領事館
米国領事館
東本願寺
東拓
満洲日日新聞
三経路
税務監督署
電信隊
協和会本部
基督教会
国立博物館
満洲航空
刑場
（監獄）
南市場
満洲電業
衛戍病院
放送局
興亜会館
千代田公園
給水塔
国際運動場
野球場
朝日女学校
平安小学校
雪見広場
長沼高女
長沼公園
伝染病院
満鉄奉天駅
満洲特産工業
発電所
機関庫
至大連
瓦斯会社
鉄西工場地区
グリコ
特務機関
電電公社
郵便局
七福屋百貨店
奉天館
満蒙百貨店
瀋陽館
春日小学校
都ホテル
ヤマトホテル
興福寺
大和警察署
消防隊
妙心寺
満鉄図書館
満鉄クラブ
千代田小学校
医科大学
医大病院
地方事務所
南五条通
南八条通
至新京
満鉄線
爆破地点
北陵
北塔
奉天総站
皇姑屯駅
奉山線
奉天駅
付属地
奉天
南塔
至大連

「今、北転轍所から電話で、京奉陸橋の先の柳条湖付近で異様な爆音がしたとの知らせです。その後で小銃の音が五、六発聞こえたそうです」

列車が発車して助役が運転室に戻ると、先ほどと打って変わった緊張感に包まれていた。そこに柳条湖の分遣隊から、「守備隊の大隊本部を呼ぶが、応答がないから取り次いでくれ」との電話が入った。

「柳条湖分遣隊の北方で中国兵に線路が爆破された。分遣隊は中国兵五、六百名に包囲されて交戦中。向こうは次第に兵力を増加しつつある」とのことだった。

事変だ。大隊本部に通知すると、当番兵が間の抜けた声で「演習か」と聞き返した。引き続き野田耕夫中尉戦死の報《しら》せがあると、守備隊本部から公衆電話で「応援のために出動する。十両編成の列車を用意してほしい」との要請があった。

奉天駅では現場にいた職員を総動員して臨時列車の整備に取り組んでいる最中に、またドカドカと幾人かの将兵が入り込んできた。全員が完全武装していた。北転轍所から、「兵隊が公和橋のところにきたから、列車をこちらに回してくれ。早くしろとせかされている」といってきた。公和橋は奉天駅構内の北の外れにある陸橋で、北五条通りにある独立守備隊本部のすぐ近くである。

構内助役の記憶では、要請があった二十分後に最初の臨時列車が奉天駅を出たことになっている。独立守備隊の記録（室井兵衛編著『満洲独立守備隊』非売品）によれば、公和橋から列車に乗り込んだのが二十三時四十分、満鉄の記録（『満洲事変と満鉄』）では、列車が奉天駅を出た時間と、公和橋に着いた時間が同じなのはおかしいが、同じ駅構内であることから誤差を数分とみて、守備隊から奉天駅に列車出動の要請があったのは、二十三時をいくらか回った頃と推定される。

　奉天駅は激しく出入りする将兵と怒声、鳴り続ける電話とで、さながら戦場。

「弾薬を運搬するからモーターカーが要《い》る」

　弾薬二千発入りの重い木箱を積んだモーターカーが二台、三台と現場に向かった。事務方までもが弾薬運びに駆り出された。慌《あわ》ただしさの中で時間だけが過ぎてゆく。駅ではどこで何が起きているかさっぱりわからない。駅長の命令で構内主任がモーターカーに乗って現場に向かうことになった。

　分遣隊付近で「この先は危険だから」と止められた。しかし、「弾薬を運んでいる」というと通された。数日前まで降り続いた雨で地面はぬかっていた。将兵も駅員も泥まみれである。北陵から大東門に通じる踏み切り近くで弾薬を下ろした。銃弾が飛んでくる。車輪に当たった音がカンカンと響く。突如、轟音と共に炎が天高く舞い上がった。奉天城の方角だ。四発、五発。市内は昼間の明るさを取り戻した。「兵器廠だ！」と誰かが叫んだ。

「東の空が白むころ、銃声もまばらになった。こうして北大営は占領された。満洲事変の第一幕があがったのである」

ここで手記は終わっている。

事変の報を受けた満鉄首脳は？

事変に満鉄が登場する第一幕が撫順で、第二幕が奉天駅で、以下第三、第四幕と続くのだが、それは『満洲事変と満鉄』（以下『事変と満鉄』）に詳しい。

同書は事変から三年が経過した一九三四年に満鉄総務部が編纂《へんさん》、発行したもので上下巻合わせて一一七八頁もの大冊。前年、満鉄は満洲国の国有鉄道となり、関東軍の管掌下に置かれた。そうした背景もあって、同書は「いかに満鉄が事変に協力したか」が精密にもりこまれてある。部隊、兵器、弾薬の輸送にとどまらず、情報収集、通信、連絡、医療、食料らの輸送調達、内外における宣撫《せんぶ》活動、慰問に至るまで、満鉄が担ったすべてが日時、数量つきである。さすがに「調査の満鉄」とうならせるものがある。一度手にとってみられるとよい。満鉄と関東軍が、いかに一心同体となって戦ったかがわかる。断わっておくが、私はこのことで満鉄を非難しているのではない。以下、断わりがないかぎり『事変と満鉄』からの情報と思っていただきたい。

満鉄本社（大連）に事変の第一報が入ったのは、十八日二十三時三十分、奉天事務所鉄道課工務長から本社鉄道部工務課長宛の電話による「虎石台付近に於いて支那兵の線路妨害事故あり」であった。

工務長から工務課長へというのだから事故扱いだ。虎石台付近というのは正確ではない。虎石台は川島の第三中隊の駐屯地で、爆破のあった柳条湖とは十数キロの距離がある。しかも二十三時三十分というのは、北転轍所から奉天駅に異状が伝えられてから一時間近くが経っている。

本社が関東軍から第一報を受け取ったのは日付も変わった、十九日零時三十分。

「事態拡大の見込みにつき、満鉄は至急軍事輸送に必要なる一切の手配をされたい」

との佐伯文郎中佐からの電話だ。

関東軍は二十一日、輸送対策として満鉄奉天事務所内に臨時鉄道線区司令部（以後、臨時司令部）を開設、佐伯を司令官に任命。臨時司令部は軍司令官直属の機関で、以降、事変終結まで、満鉄への要請は本庄もしくは佐伯を通じて行なわれた。同時に満鉄は奉天事務所鉄道課の職員五名を専従スタッフとして同司令部に派遣して佐伯をアシスト。軍司令官直属の組織とはいえ、佐伯を除く全員が満鉄の職員であった。

佐伯からの第一報は、すぐに村上にあげられた。鉄道部門のトップである村上に情報が集まるのは、当然のことだが、報告を受けた村上は、ただちに車務課長、列車係主任らを非常呼集、部長室において協議に入った。村上が内田総裁に情報をあげたのはその後で、満鉄が本社鉄道部内に臨時時局事務所を立ち上げ、正式に事変協力の名乗りをあげたのは、夜も白みはじめた十九日早朝六時。

しかし、この時点で内田はゴー・サインを出していない。満鉄の現場はしばらくは村上の独断で動くという異常事態が続いた。村上にしてみれば、二度の会談で石原の意を解しており、みずから信じるところとも重なって躊躇はなかったのではないか。

だが、内田が事変を知らなかったわけではない。時は戻るが、奉天から爆破直後に現場を通過した一四列車に乗って大連に向かった木村理事は、当然、事変を知っていた。通常、奉天駅の停車時間は十分。早々に列車に乗り込んだとしてもホームでの騒《ざわ》めきが、木村の耳に届いていないはずがない。木村を見送りにきていた者たちは、全員が満鉄職員、もしくは鉄道問題に関わりのある者たちのはずである。

中国人による満鉄路線への妨害事件は、このところ頻発していたが、列車への投石、レール上の置き石がせいぜいで線路爆破は初めてで、それに銃声を重ねれば、事故でないことは明らかである。事実、木村は大連に到着するまでの間、車中から業務用の電話を使って頻繁に外部と連絡をとっている。しかし、最初に電話した相手は内田ではなく奉天総領事の林だ。

林経由で外務省に入った公電によれば、「満鉄木村理事の内報によれば、支那側に破壊されたと伝えられる鉄道箇所を修理のため満鉄より保線工夫を派遣するも、軍は現場に近寄せず、今次の事件は全く軍部の計画的行動に出たるものと想像せらる」（第六三〇、至急、極秘）。

引き続き「木村理事を通じ内田総裁より軍司令官に対して、何ら措置あるや否やを確かめたところ、軍司令官は午前三時旅順を出発し本官の目的は、結局達成せられざりし趣《おもむ》きなり」（第六三三号、極秘）。

保線工夫が追い払われたのが、いつの時点かははっきりしないが、午前三時に本庄が旅順を出発したのを、内田が確認しているところから、午前三時以前と思われる。当時、奉天――大連間の所要時間はおよそ七時間だから、午前三時は、木村が乗った列車は順調なら大石橋駅辺りを通過していた。つまり、車中で得た情報で情報源は奉天駅以外にない。

他方、内田側の情報（『内田康哉』内田康哉伝記編纂委員会）によれば、「大連星ヶ浦にある総裁公邸に事変の第一報が入ったのは十九日午前零時五十分、奉天事務所からの電話であった。（略）それから数回の電話に引き続いて奉天の林総領事と木村理事から電話があり、事変拡大防止、局地的解決について司令官に対する総裁の斡旋《あっせん》を求めてきた。しかし内田は、それは無用、むしろ有害であるとし、取次の社員に向かい、事ここに至っては仕様がないじゃないか返事せんでよい、といってこれに応じなかった」とあるように、林本人、もしくは木村を通じて内田から本庄への話し掛けを依頼したが、内田は「無用」と断わったのである。「本官（林）の目的は、結局達成せられざりし趣きなり」とはそういうことだったのだ。

本社が事変を知ったのが零時三十分、内田が知ったのが零時五十分と、本社とそう遅くない時点に事変は内田の耳に届いていた。内田が、なぜ「無用」とニべもない態度をとったかだが、外交官出身の内田は、外交による鉄道問題解決を諦めておらず、というより自分が満鉄に派遣されたのは、そのためだとの認識から、南京の重光葵公使を通して積極的な外交を展開中だった。蔣介石に大きな影響力を持つ宋子文《そうしぶん》南京政府財務部長との会談が整い、十九日にはその使者が来るはずになっていたのが、事変勃発で不成立になったことへの苛立ちがあったのかもしれない。

星ヶ浦の総裁公邸では、引き続き第二幕があった。江口定条副総裁をはじめ事変を知った理事たちが、続々と公邸に集まってきて、計らずも臨時理事会の様相を呈してきた。

その場面は鐺田研一の小説『奉天城』（一九四二年、新潮社）に出てくる。

二十日、登場人物は十河と板垣。場所は臨時軍司令部が設置されたばかりの奉天の東拓ビル。十九日早暁の会議に加わっていた十河が、その足で奉天にかけつけた。会議の内容を板垣に伝えるためである。

十河「昨夜、事変勃発と同時に、星ヶ浦にある総裁邸に首脳全員が集まって、事変に対する満鉄の態度を協議したがね、困ったことになったをくりかえすばかりで、十二時、一時になっても意見はまとまらない。みんな蒼白な顔をしていて、陰惨の極みだったよ」

坂垣「………」

十河「僕はたまりかねて啖呵を切ったね。『諸君は国策会社の首脳部を以《もっ》て任じていながら、なぜ進んで関東軍を援助しないんですか。関東軍の将兵は、事成らば功は萬乗《ばんじょう》の君（ここでは天皇をさす）に帰し、成らざれば自決せんという気概を以て事に処しているのです。これを援助しないでおいて、国策会社といえるでしょうか』ってね。この次からの首脳会議には、僕は閉め出しをくらいそうだよ」

この後も会話が続くが、喋《しゃべ》るのは十河で、板垣は、ただ聞くだけになっている。

「やっぱり政党の圧力に支配されて、決然とした態度がとれないんだ。そう解釈してやるのが一番親切だと思うね」

「…………」

「そういう首脳部は別にして、三万の社員は挺身砲弾雨の中をくぐって軍と協力している。それだけで満足してもらうんだな」

「…………」

「そのうちに内田総裁も何とか決断するだろうよ。本当をいうと、内田総裁は政党などに引きずられるような人間じゃないんだ。むしろその上にいる人だと僕は考えたいね。経歴がいいので中央部では重く見られているし、君たちの立場からいっても案外、使い途があるかもしれないぜ。一皮剥くと情熱家でもあるんだ、あの人は。そのことは、あの人が北京で日本の全権公使として活躍した時のことを考えてもわかる」

内田はポーツマス条約を中国に承認させるための交渉（日清満洲善後条約）に臨んだ席では小村寿太郎と並ぶ全権大使だった。それをもってしても内田の格の高さがうかがえる。「案外、使い途がある」は、この後現実となる。内田は軍部に代わって「満洲を手放すな」と中央で吠えるのである。しかし、鑓田のレポートからは何よりも事変発生当時の満鉄首脳の考えあぐねる姿が読み取れる。

鑓田は事変から建国に至る半年間の満洲の出来事を『奉天城』『王道の門』『新京』の三部作で著わした。鑓田は国策的文学団体のさきがけとなった農民文学懇話会所属の作家で、同人に島木健作、和田傳らがいた。鑓田は、当時、拓務省の嘱託として満洲に在った。小説の形式をとっているが、登場人物はすべて実名で、日時、場所、事実関係は正確である。おそらく関東軍、満鉄、政府関係から提供を受けた資料に基づいて執筆したものと思われるが、そのことを承知して読めば、公式文書を綴っただけの史書よりも迫力がある。小説は史書より下に評価されがちだが、小説としたからこそ史実が正確に伝えられることもあるのである。

すれ違い食い違い

九月十九日、若槻礼次郎内閣は緊急臨時閣議を開き、とりあえず事態不拡大の根本方針を決定し、現地の外務、軍部機関、及び在外公館に内示したが、公式発表は、事変から一週間が経った二十四日であったことが、満鉄、ことに内田の立場を苦しいものにした。

十九日、佐伯中佐から満鉄に、ハルビンへ進駐すれば東支鉄道南部線（寛城子――ハルビン）を利用することになるが、その際、相手側（ソ連）と長春、ハルビンのいずれで交渉すべきかとの問い合わせがあったが、満鉄の回答は、「満鉄が助言する立場にない」とまことに素っ気なかったことから、「内田はけしからん」と関東軍が激怒。政府の通達を重んじれば答えはそうなる。外務省の長老である内田は、外交上の筋を曲げるわけにはいかなかったと理解するしかない。

しかし、立場上そうもいっておれない内田は、二十日、満鉄の管轄官庁である拓務大臣を兼務する若槻首相に再度指示を仰いだところ、「今回の事件はわが方の鉄道路線保護の措置が両軍軍隊の衝突にまで及び、その結果相当広範なる自衛的措置を取るのやむをえざるに至った次第であるが、これに対する政府の根本方針は極力事態の拡大を阻止するに存する。従って軍の行動は危険を防止するに必要な措置をとる程度の止むることとし、この上軍隊を寛城子以北に進めず、また社外鉄道の処理をなさない方針」との回答である。

何とも歯切れの悪い文章である。「従って軍の行動は危険を防止するに必要な措置をとる程度の止むること」の〈程度〉とはどの〈程度〉なのか。何をしたらいけないのか、何をなすべきなのかがまったく不明で、これでは「極力事態の拡大を阻止する」ことに従って行動するほかない。

内田はそうした。ただちに重役会を開き、「不拡大」を満鉄の方針と正式決定し「社命によらず、みだりに事変に参加したものは厳重なる処分に付す」との訓令を全社に発した。

玉虫色でも何でもよかった。政府の意に従ったことで、この後、政府からこの件で責められることはない。内田は官僚として筋を通したのである。訓令を無視して関東軍に馳せ参じる職員があとを断たなかったが、内田は無視した。見事な処世といえる。

本庄日記の九月二十一日の欄には、「午前伍堂理事、林総領事来訪」、二十二日、「午前十時木村理事、伍堂理事来訪」とある。重役会の決定「非協力」を関東軍に伝えるのなら、ほかに策がありそうなものだ。伍堂、木村は、そもそも関東軍の覚えが悪いところへもって、撫順の件で関東軍を無視して、林にご注進に及んだことで、双方の関係はさらに悪化した。最悪の人物を使者に立てたことになる。木村は二十四日と二十五日、さらに二十六日には首藤正寿理事を伴って、続けて本庄を訪れている。「協力できないこと」を伝えるだけなら、何度も足を運ぶ必要はなかったはずである。やはり何かあったのである。

「もともと鉄道の警備、満鉄マンを含む在満日本人の生命財産の保護から端を発した事変に満鉄首脳部のこの態度を軍司令部内では不快に思っていた。誰がいい出したか忘れたが、一つ内田康哉総裁を奉天に引っ張りだして、おおいに軍司令官以下と現在及び将来に関し胸襟を開いて協議させようではないかということとなり、非公式にこれを大連本社の者に伝えた」（花谷正『満洲事変の舞台裏』文藝春秋臨時増刊　昭和の三十五大事件）

木村は関東軍のこうした空気を察して、修復をはかろうとしたのかもしれないが、信頼のないところに、新たな信頼は生まれない。しかしここで内田は重ねてミスを犯す。自分の代わりに副総裁の江口定条を奉天に送ったのである。関係修復を図るなら自身が出向くべきだった。

再び花谷によると、江口は本庄と三宅参謀長と面談し型通りの挨拶をした後、事変の現状将来についての政策的なことには触れず、関東軍が期待した負傷者の慰問もせず、すたこらさっさと大連に帰った挙句に、「本庄軍司令官も三宅参謀長も別に満鉄に対して憤怒の色はなかった」と語ったことで、関東軍の怒りに油を注ぐ結果になったとある。事変に対して「ナポレオンのモスクワだ」と放言したごとく江口は事変に批判的であった。経済面での展望もなくて、事変を起こしたのは経済人としては「ナポレオンのモスクワ」同様、無益無謀なことに映ったのであろう。

君子豹変

十九日の夜、板垣が一人ぶらりと満鉄奉天地方事務所に姿を見せた。地方事務所は事変時、関東軍臨時司令部となった東拓ビルと通りを挟んだ隣にある。事務所には所長の佐藤応次郎が一人ぽつねんとソファーに座っていた。板垣に気づいた佐藤は、「明日朝三時に全車掌に非常呼集をかけてあります」といって、板垣にソファーを譲って立ち上がった。

「三時ね……」

「遅すぎると間に合いませんし、早すぎると興奮して寝られなくなると業務に差し支えますからね」

佐藤は奉天管区はもとより長春管区にも、関東軍と共に戦うよう下知《げち》を飛ばしていた。しかし、板垣はそんな話をしにきたのではなかった。そこに鉄道部門のトップの村上が現われた。

「木村理事はどうしてますか」

「奉天にいるんですけど、あいにく体調を崩して……」

木村のことは話の接穂《つぎほ》にすぎなかった。板垣の用件は別にあった。長春でも戦いが始まった。駅と市内の要所を掌握した長谷部旅団は、今頃、南嶺、寛城子へ向かっており、未明までには平定できるだろう。

問題はその先だ。

「中国鉄道を満鉄が管理するとしたらどうなりますかね。さしあたり四洮《しとう》、洮昂《とうこう》、吉長《きっちょう》、吉敦《きつとん》線ですが……」

板垣は陸軍中央の〈作戦禁止命令〉を気にしている様子はまったくなく、中央は今に方針を転換すると確信しているよう見える。「満洲の保全を維持して極東永遠の平和を確立する」のが陸軍不動のテーマである。事変の最終目標を満洲全土の平定と決めた以上、どこまでも突っ走るしかない。しかしそうはいっても、満鉄の協力がなければ関東軍だけではどうにもならない。足（鉄道）だけの問題ではない。情報収集も満鉄の情報網が頼りなのである。食糧、医療の補給もそう、資金もそうだ。しかるに内田は、いまだ洞ヶ峠《ほらがとうげ》を決め込んでいる。

「満鉄本線だけに頼っていては満鉄の将来はない。そうでしょう、枝葉を広げなければ……」

板垣の言葉に村上も佐藤も、わが意を得たりとばかり力強く頷《うなず》く。

板垣はこのことをいいに来たのだ。満鉄が全面協力すればこれだけの見返りが得られますよと。板垣があげた四路線は、満鉄はノドから手が出るほど欲しい路線だ。

そのとき電話が鳴った。板垣にだ。「わかった、すぐ行く」といって、板垣は受話器を置いた。

「今申し上げたことは、私個人の意見ではなく、司令部を代表したつもりですから、そのように受け取ってください」といって板垣は事務所を後にした。

東拓ビルに戻った板垣を十河が待っていた。この時点で同ビルは憲兵隊によって接収されていた。

「じつは飛行場建設の件だけど……」

「長春のか……」

「そうだ。本社の総務部長から、『満鉄理事業務管掌規定に署名してくれ』といわれた。このところのオレの言動が業務違反に当たるというのだ。飛行場建設をストップさせたいらしいんだ……」

満鉄は理事会で飛行場建設を請け負うことを決めておきながら、今となって戦争協力になるから止めるべきだという声が強まった。それに十河が反対した。

「飛行場は戦時にこそ必要なもので、いまさら止めるというのは逆ではないか」

「そんなことがあったのか。ところでどこの筋ともいえないが、近く内田は東京に呼ばれるらしい……」

「ひょっとしたら……」

「うん、まさかと思うが……」

いかに腰の座らない総裁とはいえ、今、更迭となって困るのは満鉄も関東軍もである。花谷は内田のことを「ゴム人形」といった。押したらへこむ、つまり力がかかれば、どのようにでも形が変わるということである。

急ぎ大連に立ち戻った十河は、内田に会った。

「上京されるそうですね」

「うん、突っ走る軍とブレーキをかける政府との狭間で、満鉄は動きがとれない。いくらかでも調整の役が果たせればと思っているのだが……」

「総裁は幾度も外相を経験され、首相代理も務められた日本の重鎮です。若槻首相も幣原外相も、きっと総裁に期待しておられると思いますが、何か具体的な案をお持ちでしょうか」

「それがね……」

(何もなくて、何を調整に行くというのか)

官位を極めた内田だが、この期に及んで、まだ自分の立場、やるべきことがわかっていないことに腹立たしさを覚えながらも、十河が身を乗り出した。

「上京される前に一度、奉天に行かれたらどうですか。本庄さんも総裁と会いたがっておられます。腹を割って話し合って、その上で総裁の考えをまとめられたらいかがでしょうか」

内田はあっさり了承した。内田にとって渡りに船であったのだが、これまでの行き掛かり上、自分のほうから会いたいとはいいだせないでいた。

さっそく、トップ会談への準備が進んだ。本庄日記にその過程を見ると、

九月三十日

午前十時、首藤理事、伍堂理事来訪。

午後二時、伍堂理事と旅館にて懇談。

十月二日

午前八時三十分伍堂理事来訪、満鉄総裁決意の程を語り、五日来訪の旨を告ぐ。

十月三日

午前十時、十河理事来訪。

午後、参謀長、板垣、橋本少将と、来る五日、内田満鉄社長来奉の際の研究を為す。

木村が降り、代わって伍堂らが交渉の表に立ち、三日の十河来訪で具体的に事が動き始めたと推察される。おそらく筋書きを書いたのは板垣と十河だ。

十月五日、内田は大連を発った。

その日の本庄日記である。

「午前中は参謀長及び橋本閣下を招き、内田社長来奉の際における談話要旨を語り、これを纏《まと》めしめる事とす」

本庄は内田を迎えるに当たって、二日にわたって首脳と協議している。橋本とはこの後、三宅に変わって参謀長に就任する橋本虎之助（当時少将）である。

出発に際して内田は、新聞記者に「今回の上京の目的は予算のこと。奉天に寄るのは別に意味はない。知人が多いから数日滞在することになると思うが。京城で宇垣総督と会うのは一緒に飯でも食おうというだけのことだ」と極力平常を装った。

六日早朝、奉天に到着した内田はヤマトホテルに入り、関係者を招いて情報交換。十一時には林総領事の来訪を受けて会談。午後二時半、歩いて数分の司令部を訪れて本庄との会談に臨んだ。会談は二時間に及んだ。

七日、本庄らと共に柳条湖の爆破現場、北大営、飛行場、兵工廠らを見学。

八日、再び本庄と会談。

関東軍は会談の中身を「内田満鉄総裁に対する本庄関東軍司令官よりの懇談事項要旨」として発表した。要点はこうである。

本庄はまず満鉄の事変への協力を謝した後、新政権樹立構想を明示。
一　満蒙を中国本土から切り離すこと。
一　満蒙を一手に統一すること。
一　表面中国人により統治する形をとるが、軍事、外交、交通の実権は日本が掌握する。
さらに「満鉄会社に対する要望事項」として、
一　四洮、洮昂、吉長、吉敦線を満鉄が管理する。
一　中国鉄道の瀋海、吉海、呼海、洮索、斎克各鉄道を日中合弁の形式に改め、満鉄が委任経営する。
一　速やかに吉会及び長大鉄道を敷設する。
一　中国側が条約を無視して敷設した鉄道は満鉄中心主義に基づき、一部の改築を行なう。

一　従来の中国官商に代わる北満特産物買収機構を設置する。
一　主要都市間に航空路を開設する。
一　満鉄直接経営、勧業公司などの事業を助成し、もしくは新たに傍系会社を設立して経営にあたらせる。
一　吉林、鴨緑江、宣列克都、海林などにおける邦人の林業を助成し、もしくは新たに傍系会社を設立して経営にあたらせる。
一　大石橋付近の菱苦土、復州の粘土、青城子の鉛、本渓湖の煤鉄などの諸鉱業の拡張または新興を助成する。

事変成った暁には鉄道は全部、満鉄に任せます、新事業については助成します、傍系会社を作っておやりなさいと、まさに大盤振舞である。

しかし事変後、満鉄は関東軍によって解体される。一九三七年の満洲重工業開発株式会社の設立で、満鉄が保有していた重工業部門はそっくり同社に譲渡され、満鉄は鉄道、炭鉱などに業務縮小を強いられることになった。いわば片足をもがれたのである。しかし、この時点で満鉄がそのことを予測するはずもなく、いわんや本庄の腹にもなかった。

さらに関東軍は内田との会見の内容を南陸相、金谷参謀総長に、「この際、断乎《だんこ》として積極的に邁進する要大なるべしとの意見に同意」と報告。つまり、事変の対応で関東軍と満鉄は完全な一致をみたというのである。

奉天に三日滞在した後、内田は朝鮮半島経由で日本に向かった。事変に対して批判的だった内田が、一転して礼賛主義になったことに、会う人、みなが驚いた。元老西園寺公望は、「満洲の空気を吸って、陸軍に圧せられてああなったのではないか」と啞然。幣原はあまりに強気な内田に、「こんなことがやれると思うなら、あなたが（外相を）やったらどうですか、私に代わって」といい、井上準之助蔵相は、「関東軍は満鉄に金を出させたいから、内田を取り込んだのだろう」とまで口にした。どれも当たらずといえども遠からずである。

内田の強弁は空回りに終わったが、一九三二年（昭和七年）、斎藤実内閣が誕生すると、内田は五度目の外相に返り咲く。陸軍が後押ししたのである。論功行賞だ。「わが国民は国を焦土となしても満洲国を育てあげる決心である」との国会答弁は内外に大きな反響を呼び起こし、幣原の協調外交に対して焦土外交と称し内田の変身を揶揄した。日本の国際連盟脱退は松岡洋右の独断のように伝えられているが、妥協を拒絶する訓電を打ち続けたのは内田であった。

ところで十月六日午後二時、本庄との会見を終えた内田は、ヤマトホテルの特別室に板垣、石原、竹下、花谷を招いた。セッティングしたのはおそらく十河であろう。花谷によれば、板垣、石原らがそれぞれ自らの経綸、抱負を述べ、会談は四時間に及んだという。

その場面は花谷は自ら『満洲事変の舞台裏』（一九五五年刊文藝春秋臨時増刊『昭和の35大事件』）に記している。以下がそうである。

「そのような諸般に及ぶ構想が練られ、他民族を含む多くの人々と、従前から交わりがひそかに結ばれ、強大な武力が現在までに把握され、諸計画の大綱ができているとは夢にも知らなかった。（略）私も老躯に鞭を打ってただ今以降、関東軍に全幅の信頼をよせ、満鉄の財産全部を投じても諸君に協力する同志となる。一緒に夕食をとろう」

食事の後は無礼講の酒盛りである。内田は服のボタンをはずし、下腹をポチャポチャ叩きながら意気盛んであった。

みなが帰りかかると、「今夜、この感激を乱さぬために他の誰にも会わぬ。みな一度に帰らずに半数くらい残れ」ということで、石原と竹下が帰り、板垣と花谷が残った。そしてさらに腹を割った時事懇談に花が咲くのである。

内田「君らはまだ壮年の盛りだから嗅覚もよいね。至誠天に通じ、人に通じるぞ。君らが退官して義勇軍を作るような破目にまで、政府が追い込まぬように私ども老人が働くよ」

板垣「閣下御上京早々、拝謁の御沙汰があるようその筋に電請しますよ。御下問に対し御奉答の件、あらかじめ想を練っておいていただきたいのです」

内田「君らは同志がおり、各方面に連絡ができるようになっておるのだね、若い者は機敏だ」

だが、橋本一派が政府と軍首脳を揺さ振るために関東軍を利用しただけで、板垣にも石原にもそんな考えは毛頭なかった。花谷によれば、そのセリフは内田の口から出たことになっているが、内田はすでにそのことを知っていたのか、それともこの席で、誰かが内田に吹き込んだのか。拝謁云々は論外も論外。天皇は関東軍の勝手な行動にひどくご立腹で、若槻首相が朝鮮軍出兵のための経費支出を認めたことに「非常に不機嫌な御様子」だった。側近は口をつぐみ、天皇のご不興は側近の入れ知恵だと軍部は怒りを募らせた。

ひっかかるのは、「君らが退官して義勇軍を作る」と「拝謁の御沙汰があるようその筋に電請」の下りだ。中央が関東軍を見殺しにするようなら、関東軍は独立してでも満洲問題解決のために戦うという、いわゆる関東軍独立説が一部に流布されていたのは事実である。まさかと思うが、義勇軍とはそのことなのか。

しかし、これに内田がまんまと乗るのである。この後、花谷に満鉄に対する具体的な要請をする。「臨時軍事費用が下りるまで、作戦軍部隊及び軍需品の輸送費は後払い、後日精算にしてほしい」「現在、軍と一緒に戦っている満鉄職員には退職している者が多数いるが、彼らの籍を戻して出張旅費を支給してほしい」

これに対して内田は、「よろしい。満鉄が一時立て替え援助します。経理担当理事に話しておきますから、ただちに連絡してください。こんな緊急事態は歴史上そうあるものではない、各方面が協力すべきです」と、すべてを飲み込んだのである。それにしてもたいした変わりようである。やはりゴム人形なのである。

第七章――楽土

事変は関東軍の独断ではなかった

場面は再び九月十八日、深夜の奉天駅。

柳条湖へ臨時列車を送り出した後も、奉天駅構内は慌ただしさが続いた。

日付が十九日に変わった三時三十分、撫順からの臨時列車が到着。撫順駐屯の第二大隊第二中隊が乗っていた、問題の列車である。責任を問われたのか川上は外されていた。

引き続き四時四十五分、遼陽から第二師団麾下の歩兵第十六連隊を乗せた臨時列車が到着。本庄、石原ら関東軍の主要幕僚が乗った臨時列車が到着したのは、昼近くの十一時五十五分である。

十八日当夜の旅順だが、片倉大尉の証言（『回想の満洲国』）によれば、当直将校から奉天機関から軍機電報を入手したとの報せを受けた片倉は、ただちに三宅光治参謀長、石原莞爾、新井匡夫、武田素、中野良次ら各参謀、竹下義晴調査班長らに電話で通報。当時、片倉の肩書きは板垣の副官（まだ参謀になっていない）で参謀部への通信、電話はすべて、片倉の下に集まることになっていた。本庄へは三宅が連絡したが入浴中。片倉は当直将校から報《しら》せを受けた時間を「夜半近く」としか記していない。奉天機関とは奉天特務機関のことで、この時、建川と別れた板垣は特務機関にこもって指揮をとっていた。

本庄日記によれば、十八日は「午後二時遼陽発、午後六時大連着。氏（野田）の依頼により油絵を見る。それより自動車にて午後十時頃、帰旅。午後十一時過ぎ、板垣参謀より奉天における日支衝突及び独断守備歩兵隊及び駐屯連隊を出動せしめたる急報に接す」。「油絵を見る」とあるのは、歴代軍司令官は肖像画（本庄の場合は乗馬姿）を残すのが慣例になっており、その打ち合わせに立ち寄ったもので、画家の名は野田蘇南。

奉天の板垣から旅順に事変発生の第一報が入ったのは、別の資料によれば十八日午後十一時四十六分、電文の内容は、「十八日夜十時半頃、奉天北方北大営西側で支那軍隊は満鉄線を破壊、守備兵を襲い、彼我衝突、独立守備隊第二大隊は現地に向かい出動中」。

第二報は十九日午前零時二十八分、「北大営の支那軍は満鉄線を爆破した、その兵力は三、四中隊、逐次兵営に遁入した。虎石台中隊は十一時過ぎ、北大営の敵五、六百と交戦中、その一角を占領したが、敵は機関銃、歩兵砲を増加しつつあり、わが方は目下苦戦中、野田中尉は重傷なり」。

第一報では動かなかった本庄が、第二報で動いた。

「よし、本職の責任においてやろう」

かくして関東軍出動となった。中野参謀から佐伯中佐を通じて旅順駅長に列車出動の要請があったのが十九日午前一時過ぎ。本庄以下、石原ら主要幕僚（三宅らは後便）、旅順駐屯の歩兵三十連隊が乗った第一陣が旅順駅を発車したのは午前三時三十一分、旅順線と満鉄本線が交差する周水子駅で急行用の機関車に取り替えてノンストップで奉天に急行、十一時五十五分到着した。

片倉の手記には、「午前十一時過ぎ、奉天駅に到着するや、奉天駅を臨時の軍司令部として、板垣参謀から軍司令官に対する状況報告がなされた」とあり、多くの史書も臨時軍司令部は最初、奉天駅に置かれ、後に大広場の東拓ビルに移されたとしてあるが、これは疑問だ。

奉天駅の二階部分は一九一〇年から一九二九年、大広場にヤマトホテルが完成するまでヤマトホテル（客室三十）として使用されており、臨時司令部としての十分な広さはあるが、たとえていえば東京駅の二階を仮にせよ軍司令部にするだろうか。軍の機能、機密を阻害するばかりか、駅が駅としての機能を果たせなくなり、混乱に拍車をかけるのは必至。

奉天には奉天駅のほかに京奉鉄道の瀋陽駅、皇姑屯駅がある。事変発生と同時に奉天を脱出する地元民が瀋陽駅に殺到したことから、中国の鉄道当局は皇姑屯駅からも無料の臨時列車を出した。中国人居住区の奉天城から十数キロ離れた皇姑屯駅まで脱出を急ぐ人たちの長蛇の列ができたのである。突然の爆発に浮き足立ったのは中国人だけではなかった。奉天駅だけが喧噪の外にあったとは考えにくい。

奉天駅の貴賓室で本庄が板垣から報告を受けたのは事実であろうが、ただそれだけのことではなかったのか。本庄日記には、「午前十二時過ぎ奉天着、一旦停車場に休憩の上、午後二時、東拓楼上の軍司令部に至る」、満鉄の記録には、「奉天駅到着後、関東軍司令部を東拓楼上に移し満洲事変第一歩の関東軍戦時軍務を開始するに至った」とある。

話は前後するが、本庄が決断したのは関東軍司令部条令（一九一九年、軍令陸第十二号）の第二条「軍司令官は関東庁長官よりその管轄区域内の安寧秩序を保持する為南満洲付属地における警務上の必要より出兵の要請を受けたときはこれに応じること を得、但し事急にして関東庁長官の請求を待つの遑《いとま》なきときは兵力を以て便宜処置することを得る。前各項の場合においては直ちに陸軍大臣及び参謀総長に報告すべし」にのっとったもので、間違いなく事急である今回のケースは軍司令部の権限を逸脱しておらず、独断には当たらない。確かに関東軍には独断、独走の場面がいくつもあったが、事変そのものが独断でなかったことは、はっきりさせておかねばならない。

東拓ビルと臨時軍司令部

臨時軍司令部にこだわるようだが、いつ東拓ビルが関東軍によって接収され臨時軍司令部になったかについて、いろいろ調べたが的確な資料が見つからなかった。

ところが、まったく予期しないところにあった。『満洲と日本人』（大湊書房）という、すでに廃刊（？）になって古本屋でも滅多に見かけることがなくなった雑誌の一九七六年秋季号の読者投稿にあったのである。

それによれば、「もう午前一時を過ぎたろう、九月ともなれば南満の奉天でも夜半は長い。私は肌寒さを覚えてルーフから下り、一階の宿直室に戻った。すると電話のベルがけたたましく鳴りだした。私はとびつくように受話器を取り上げ耳に当てた。『こちらは憲兵隊であります。貴会社は関東軍によって徴発されました』。

投稿者は東拓の社員で時ならぬ騒動に、目と鼻の先の社宅から支店にかけつけたのであった。東拓は東洋拓殖株式会社の略称で、本社は朝鮮の京城にあった。

東拓ビルが関東軍によって接収され、臨時軍司令部になるのは郭松齢の反乱、張作霖爆殺事件以来、三度目とあって社員にはさほど動揺もなかったという。同社がかくも気やすく接収されるのは株式会社とはいえ、拓務省が半額出資する会社で、ことに満洲における拓務省と関東軍は裏と表ともいえる関係であるからであろう。

この社員はいったん帰宅し、自転車に乗って市内をめぐってから戻ってみると、ボイラー用の大煙突と避雷針の三角型に無線電線が張り巡らされていたという。つまり十九日の未明には、接収準備がすでに始まっていたのである。

意外だったのは、建物すべてが接収されたのではなかったこと、接収されたのは二階と三階（同ビルは三階建て）で、二階の貴賓室が司令官室に当てられ、他の六室は参謀が使い、三階は特務部が使用。驚いたのは、接収中、一階では東拓社員が平常どおり業務を続けていたことだ。投稿者は二十日、十河信二が二階の参謀部に上がって行くのも、奉天総領事の森島守人領事が廊下で待たされている姿も目撃している。爆破現場の枕木と中国兵が残した銃、帽子などを撮《と》った、例のヤラセ写真は東拓ビルの裏で撮影したもので、投稿者もサクラの一人だった。

同じ場面をこの人も見ていた。

「扉を押して入ると、埃が煙のように舞い上がっている中、衛兵がそこここに腰を下ろしている。銃架には何丁もの銃が乗せてある。銃架の側の広い部屋が会社の事務室である。黒い服を着た大勢の人たちが、埃の中にだまって帳簿をくりひろげたり、算盤をはじいてたりしている」

この人とは桜井忠温（一八七九〜一九六五）、日露戦争の旅順攻防戦で瀕死の重傷を負い、自らの体験を記した『肉弾』は明治天皇の拝謁を得、七ヵ国語に翻訳されるなど、一躍、時の人となった。桜井は退役後、作家に転向し、事変直後に読売新聞から満洲に派遣された。この日は軍司令部に陸士同期の三宅参謀長を訪ねた。

先の投稿記事の続きである。

「午前十時ごろになると、新聞通信社の社旗を翻した自動車が四、五十台、東拓門前の大広場に集合して来た。新聞記者および通信員は、バッタのように衛兵に名刺を出して、一階の応接室に飛び込んで行った。緊張した顔々々。やがて参謀部四課の臼田参謀（寛三、少佐）が二階から下りて来た。用のない私は、新聞記者たちに紛れてその部屋に入り込んだ。

臼田参謀は厳粛な態度で、柳条湖における事件発端の経緯及び目下の北大営、長春における支那軍の敗退逃亡その他の戦況を読み上げた。読み終わると四、五十名の新聞記者、通信員たちは部屋の入口から走り出て、各自の自動車に向かって蜘蛛の子のように散って行った。

それから後は、一日三回、臼田参謀から戦況発表があり、新聞記者たちはその都度、潮のように集まり潮のように引いて行った」

スポークスマンは臼田参謀であったようだ。記者たちは彼の発表にそって記事を書いて日本に送る。記者独自の行動は一切認められておらず、したがってスクープなどは望むべきもなかった。

一方、桜井のレポートは『銃剣は耕す』というタイトルで、事変のあった十二月から翌年三月にかけて読売新聞に連載され、四月には新潮社から本になった。桜井が満洲に派遣されたのがいつかはっきりしないが、記事の内容から事変が、やや落ち着きを見せた十一月の頃と思われる。

桜井は日露戦争で英雄になったが、一時軍から干された。『肉弾』の序文のこの件

「又腥風血雨の惨酷に泣けり」が「惨酷とは何事か」と上層部の逆鱗に触れたのである。「あれでは兵隊になり手がなくなる」というのだ。その結果、桜井は七年間筆を断つことになったが、陸軍省軍務局長の田中義一（後の首相）の強い勧めで、再び筆をとった桜井は一九三〇年、五十二歳、少将で予備役に編入されるまで旺盛に執筆活動を続けた。題材の多くは満洲であった。桜井は、このときも精力的に取材して回った。

余談だが、桜井と同世代にもう一人の軍人作家がいた。水野廣徳（一八七五～一九四五）、海軍大佐（現役時）。水野は日本海海戦のことを書いた『此一戦』（一九一一年、博文館）で世に出た。同書には東郷平八郎、上村彦之丞らが題辞を寄せた。『此一戦』は『肉弾』と並んで高い評価を得たが、盲目的軍国主義に反発した水野は、その反動もあって人道的平和主義者に転向。一九二一年に新聞に発表した『軍人心理』が「上官の許可を得ず、文書を以て政治に関する意見を公表した」として謹慎処分を受けたのを機に志願退役。その後、日米非戦論を唱えるなど平和主義的主張を強めるにいたって、当局から危険視され、満洲事変後は活動の場を失った。

他方、桜井は退役後も活動の場を広げ、八十六歳まで執筆活動を続けた。筆者は桜井と水野を比較する立場にないが、桜井は徹底した現場主義。現場で見たこと、聞いたことを平易な文章で表わす。桜井の文章が読む者の心をとらえるのは、底流にある桜井独特の死生観であろうか。桜井は一度、三途の川を渡っている。

ところで桜井は、張学良の邸宅では張作霖と対面している。といっても棺とだが。「棺の長さは一丈幅五尺もある。その周りを、赤いカーテンで覆い、四隅に金色の龍首が飾り付けてある。

棺の正面には〈中華民国陸海大元帥張公雨亭之霊柩〉と認めてある。棺前の高い台の上に支那服の正装姿の引き伸ばし大写真が飾り付け、その前に木の煤けた小さな位牌が置いてある。

位牌には〈中華民国陸海大元帥顯考張府君雨亭公之霊〉とある。前に二つの茶碗と一つの猪口と、長い象牙の箸と一本の匙とが置いてある。別に日本の燗徳利が一本据えてあるのが異様に見えた。

日本嫌いの張作霖に日本の燗徳利も皮肉だが、この老人にうつりの悪いものでは、銀のトロフィーが一つ、〈功在千秋〉と彫りつけたのと、写真の左右両側に裸体婦人の石の彫刻人形が立っていることである。

太い朱蝋燭が一対立ててあるが、一度も火をつけた跡がない。菓子のように飾ってある。

花輪が土間の上や壁に二三十も飾ってある。中には本庄中将、今の軍司令官のがあるのが目についた。将軍は、ときどき訪ねて来るということである」

棺のことは鐙田の『王道の門』にもある。学良の密使で、邸内の慰霊堂に隠してあるはずの百六十万元（一説には三十トンの金塊）を取り出しに来たところ、隠し金はなく、あったのは張作霖の棺であった。

「北側の壁によせて祭壇が設けられ、その上に並べられた金色の仏具が燦然とかがやいていた。祭壇の手前には、左右に一つあて、黒いリボンを垂らした真っ白な造花の花環が飾ってあった。祭壇の奥には、地質の厚い黒布が、両びらきになるように二枚にして、一面に垂らしてあった。張作霖はその中に眠っているのである」

桜井とは見た時期が違うのか描写は異なる。桜井は小屋といっているが、こちらは慰霊堂。密使は未練がましく立ち去れないでいたところを、参拝に来た本庄の護衛としてついて来た三谷少佐ら憲兵に御用となる。

本庄が慰霊堂を訪れたのは事実だ。本庄日記の六月十七日には「午前九時学良邸に松井中佐、志賀主計正、増岡憲兵隊長等を従い到、作霖の霊を弔し、帰途博物館を見る」とある。

後日のことだが、一九三七年、甘粕正彦の発案、辻政信の指揮によって作霖の葬儀が盛大に執り行なわれたが、そのとき棺は奉天郊外の珠林寺に移されていた（王爺廟との説もある）。だが、棺の中を確認したという記述はどこにもない。現在、作霖のものとされてるい石棺が、瀋陽（奉天）郊外の元帥林に安置されてある。桜井の記述にあるような巨大なものである。しかし棺の中身は、今も昔も空であるというのが定説になっている。棺はあっても、作霖の遺体は今なお、行方知れずなのである。

ついでながら事変についての記述はオフィシャルなものより、アウトサイダーによるものの方がはるかに面白い。風評によるものも少なくないが、風評には当局が明るみに出ては困ることも含まれる。風評と真実の見境は難しいが、風評イコール嘘言と決め付けるのは真実にフタをしかねない。

里村欣三の作品に『戦乱の満洲から』（昭和戦争文学全集1―集英社に収録）がある。事変直後のルポルタージュだ。初出が一九三二年の雑誌『改造』七月号だから、当時の感覚でいえば最新レポートである。

「鉄道の利用と新兵器の応用とあいまって、今度の満洲戦争は百パーセントの効果を発揮している。外国武官の一行は、日本の鉄道戦争の巧妙さを視察して、ひどくたまげたそうだが、それは実際であろう」

里村は十二月十日、奉天駅を発車した軍用列車に便乗して新民屯から四洮線を南下。

「チチハル戦争前後、四平街を通過した軍用列車の数は、日々五、六回はくだらなかったそうだ。（略）満鉄は一時に殺到したこの煩雑な臨時列車の運転に追われながら、時間表にある規定数の旅客列車を事変以降三ヵ月にわたって、一列車の休転も行なわず、また一分一秒の遅延早着もなかった」

一分一秒の遅延早着もなくはオーバーにしても、満鉄は事変発生の九月から翌年の三月までに一〇〇一の軍用列車と三八八の装甲列車を走らせた。この間に定期列車が何本あったかは確認のしようがない。この時期は年間を通して穀物輸送の最多忙期であったことからその数は決して少なくはなく、その過密さと精密さに外国武官が舌を巻いたのもわかる。

しかし里村はいう。

「今回の事変で、満鉄は軍隊の輸送、臨時列車の運転、匪賊の出没等で莫大な損害と欠損をしているだろうと、一般の人たちはひどく同情している。だが、心配はご無用である。満鉄はそういういっさいの損害を差し引いても、なお特別配当が行なわれるくらいの利益をあげた。支那鉄道の運転系統が乱脈になり、あるいは軍事占拠が行なわれたために、南北満洲の特産物が一手に満鉄に集中されて、近来にない活況を呈したという」

もとより損得でやったことではないが、満鉄は儲けた、いや少なくとも損はしなかった。

満鉄自らが算出したところでは、事変に関した支出総額は四三〇万二六六一円二七銭。うち陸軍その他社外に請求すべき金額は一五五万九四七五円六五銭。残額二七四万三一八五円六二銭を会社の経費として負担したとある（『事変と満鉄』）。しかし一九三一年、満鉄の総収入が一八七、〇五四千円だったのが三二年は二四五、九四一千円と三一パーセント延びた。事実、儲かっていたのである。

装甲列車

ところで新兵器とは装甲列車のことだ。列車の車体に鋼鉄板を張りつけただけのものだが、鉄板が敵弾を弾き飛ばし突進する姿は、まさしく天下無敵であったであろう。

里村はその感動をこう記している。

「装甲列車が真っ白いスチームを煙幕のように吐きちらして、鉄道線路を進撃していく光景は、まことに恐怖すべき魔力を感ぜしめる。ひとたびこの装甲列車の出動をみれば、たちまち何十里、何百里の地域が占領される。付近一帯の敵をレールの上から、あるいは砲車で、あるいは機関銃でなぎたおしていく。そのあとから列車を飛び降りた歩兵と騎兵隊が、突撃を開始する。文字どおりひとたまりもない」

　里村は初めて目にする光景に驚きを隠さない。日本国内にはまだ装甲列車はなかった。しかし装甲列車にも泣き所があった。線路沿いの敵にしか通用しなかったこと。敵は装甲列車をやり過ごせばよかったのである。

　関東軍は事変発生と同時に満鉄に装甲列車を発注した。装甲を施《ほどこ》した砲兵車、機関車、歩兵車をもって一セットとし、それを六セット。満鉄は旧遼陽工場、奉天機関区のスタッフ総動員で作業にかかった。そして十九日に第一号の457号を、二十日に428号、455号を納入し、二両を二十二日に、さらに予備を含めた二両を完成させた。まさに電光石火の早業というほかない。

　装甲列車の初陣は吉林。二十一日、457号、428号、455号が吉林進攻の先導役を務めた。453号は奉天を拠点に撫順線と開原・昌図間の巡察に当たった。吉林平定後、吉長線に入った三両のうち一両は下九台・吉林間に留まり、二両は四平街、鄭家屯周辺の警備についた。

　二十日深更、関東軍から満鉄に吉林進攻の非公式な指示があった。満鉄長春事務所では、ただちに準備に取り掛かった。日付が変わった二十一日午前二時から引き込み線に使用車両を配備、七時から軍馬、兵器、弾薬などの積込みを始めた。長春常勤のスタッフでは足りない分は、奉天、大連からの志願者で補った。血気に逸る若き職員たちが危険も顧みず駆け付けたのである。

十九日、第二師団は師団司令部を長春に移した。二十日、森連独立守備隊長も長春に進出。関東軍は総力を長春に結集し、吉林攻略に必勝を期したのである。

空が白む頃、駅前広場は将兵たちで埋まった。長春は戦闘ムード一色に染まったのである。

ちょうどそのころ、奉天の瀋陽館では緊急参謀会議が開かれていた。政府の不拡大方針は無視しても、陸軍中央の「作戦禁止指令」に金縛り状態に陥った本庄に、参謀たちが結束して「吉林進攻」を迫っていた。

九月二十日の本庄日記によれば、

「午後十一時より、第二師団主力を吉林に出すべき事につき午前三時まで議論し、遂に同意を与う。吉林居留民より出兵援護を依頼来りしによる」

別の記録によれば、参謀の一人が「ここで軍がぐらついてどうする！」と語気を荒げたことに、さすがに温厚な本庄が激怒し、三宅、板垣を除いた全員に退室を命じた。部屋を出てきた石原は投げ遣りな口調で、「もうこれでおしまいだ。後は林（総領事）さんに任せて、われわれは撤兵だ」といった。一説によれば、本庄に一喝されたのは石原だとあるが。

やや間があって三宅が首を振り振り出てきた。一人残った板垣が待ちわびる参謀たちの前に現われたのは午前三時。

「決裁は……？」「頂いた……」

途中で退席させられた一人の片倉は、「あの板垣の豪放な太っ腹と強靭な粘り強さがあって、初めて事変は実現した。石原があれだけ動くことができたのも板垣あってのこと」と述懐している。

かくして長春が動いた。二十一日、十時四十分、第一次列車が、同時五十分、第二次列車が長春駅を発って吉林方面へ向かった。第三次列車以後は先行列車の様子を見たことから間が開き、十二時に第三次列車、同時三十分に第四次列車、同時三十五分に第五次列車、十三時五十七分に第六次列車、二十一時十分に第七次列車を送り出して、長春の熱く長い一日が終わった。

七列車のうち第一次、第三次、第五次に装甲列車が付き、それぞれ四、三、四両編成。火砲を搭載した無蓋車《むがいしゃ》を先頭に、機関車、歩兵車両、最後尾が機関銃を搭載した重機車両。第二、四、六列車は平常の貨物車で五十九、四十三、四十両編成。つまり将兵、軍馬、兵器などを搭載した車両の前後を装甲列車が護衛しながら進んだのである。

しかし結果は周知のごとく、吉林では戦闘は行なわれなかった。無血入城である。そこに辿り着くまでには吉林総領事石射猪太郎の懸命な努力があった。まず吉林軍参謀長の熙洽《きこう》に戦闘の虚しさを説いた。戦闘になれば千余名の在留日本人だけでなく、十数万人の現地民の生命が脅かされる。吉林は唐代に始まる満洲有数の古都。渤海、高句麗の満洲文化と元、明らの文化に折り混じった独特の情緒のある吉林を、石射は戦火から守りたかった。

満洲旗人で、もともと張父子政権に批判的だった熙洽は説得に応じた。石射は熙洽の側近に多門宛の直筆の書面を持たせ、領事館員を付き添わせて列車で長春に向かわせた。このとき多門が乗った第一次列車は、すでに長春を出ていた。どこでクロスするかわからないが、ともかく吉林の手前であってほしいと石射は祈った。

願いは通じて、吉林の四つ手前の樺皮廠駅で東と西からの列車は遭遇した。装甲列車の歩兵車両の中で多門は使者と面談。この後も紆余曲折があったが、ともかく古都・吉林は守られた。

それにしても装甲列車は遅かった。鉄板を張りつけて走るのだからムリもないが、それがこの場合は幸いした。通常、長春・吉林間は普通貨物で四時間三十分のところが七時間十分もかかった。通常のスピードだったら、吉林はどうなっていたのか。

ここで装甲車の歴史に簡単に触れておくと、アジアに初めてお目見得したのはシベリア出兵（一九一八年～二〇年）の時で連合軍が使用したものだが、当時は鉄板を張りつけた車両に火器を積んだ程度のもので、その後、装甲車は中国本土で使用された。満鉄が初めて装甲列車を手懸けたのは一九二五年のことで、この時は有蓋貨車を歩兵車に、石炭車を砲兵車に改造した。事変の際の特注に即応できたのも、こうした下地があったからである。

装甲列車の開発、改良が満鉄を中心に行なわれたのは、陸戦用の装甲列車が日本本土で使用されることが想定されなかったこと、使用舞台を大陸と想定すれば中国鉄道とゲージが同じ満鉄が相応《ふさわ》しいこと、大陸の厳しい気象条件に対応するノウハウを、すでに満鉄が持っていたことなどの理由による。

なお、一九三六年に牡丹江に新設された鉄道第四連隊には装甲列車隊が置かれた。対ソ戦を意識したもので、ゲージへの対応もなされた。ゲージが五フィートのロシア（ソ連）の鉄道では、四フィート八インチ半の満鉄の列車は対応できない。事変の際、長春以北に進出するときは外輪を一インチ半（約三・八センチ）外に移動した。長春以北の鉄道、東清鉄道（後の北満鉄道）はロシアサイズだ。北満鉄道を日本が買収した一九三五年後も、ソ連製の機関車数台を手を加えずに、満鉄ハルビン工場に保存したのは、耐寒の面でソ連から学ぶことが少なくなかったからだ。厳寒のシベリアを走るには満鉄の機関車は、まだまだ改良が必要だったのである。後のことだが、作家司馬遼太郎は牡丹江の戦車部隊にいた。陸軍少尉の司馬は小隊長だった。

大連から奉天へシフト

事変に戻ると、満鉄が十九日未明に大連本社・鉄道部内に臨時時局事務所を設置、事変に対応することになったのは、すでに述べたが、事変の現場が奉天以北で大連と距離があることから、奉天地方事務所内に臨時奉天鉄道部出張所を設け、鉄道部長の村上が管轄。臨時出張所は先に関東軍が設けた臨時鉄道線区司令部と隣り合わせの部屋で、鉄道に関する指揮、命令系統が関東軍と満鉄とが一体となったのである。

臨時奉天鉄道部出張所の使命は、

一　鉄道部長の意図を承け時局に関する鉄道部としての計画樹立。

一　会社、または鉄道部を代表し関東軍と折衝。

一　鉄道部各時局機関の統括。

一　社外線管理に関する計画指示。
一　軍事輸送諸施設計画及び現業の指揮監督。
一　通信機関の諸施設。
一　会社従業員の派遣。

などで、一時にせよ満鉄鉄道部の全機能が奉天に移ったと思えばよい。

二十日、内田が全社に対して「社命によらず、みだりに事変に参加したものは厳重なる処分に付す」との訓令と、はなはだ矛盾するが、村上さえ確保しておけば鉄道は確保できるという石原の読みは現実となった。

佐伯からの吉林行列車運行の指令は、村上を経て現場に伝わった。

一　軍司令部の要求により第二師団の歩兵四個大隊、砲兵四個中隊を長春より至急吉林へ派遣するにより、軍隊掩護のもとに軍隊輸送列車を強行運転す。必要なるすべての手配及び実施に関しては長春鉄道事務所は第二師団司令部と協議の上行なう。
一　従業員は差当り長春鉄道事務所管内の者を以て充当し従業員の補充を待ちて至急管理の姿勢に移るべし。
一　途中各駅には守備隊を配置せらるるはずなれば必要駅以外は閉鎖して運行の便ならしむるべし。

一　詳細は佐藤応次郎鉄道部次長（奉天に常駐）より指示する。

結局、長春を出た七列車のうち吉林に入ったのは、多門が乗った第一装甲列車と第二、四、六の軍用列車だけで、第三、五装甲列車は、途中で引き返し、前記のごとく別の任務についた。第一装甲列車は吉林に留まり、二十二日は敦化《とんか》へ二十三日は蛟河《こうが》に出動した。

しんがりを務めた第七列車に乗った満鉄職員は、少数の守備隊と共に不要駅を閉鎖しつつ、必要な駅舎と線路の保全に当たった。一番厳しかったのは彼らであった。敗残兵、匪賊は軍用列車が通り過ぎた後の手薄な駅舎を狙う。満鉄社員も銃を手に鉄兜、防弾チョッキを着けた戦闘スタイルで、守備隊員と共に不眠不休で警護に当たった。吉林は無血入城となったが、長春を追われた敗残兵が沿線に潜んでいたのである。

サボタージュ、言葉の壁

吉林を制圧した多門軍団は休む間もなく、二十二日、敦化へ向けて進撃。当時、長春を起点に東に向かう鉄道（吉敦線）は吉林を経て敦化（吉林省）まで延びていた。敦化から先、朝鮮との国境の図們（敦図線）まで開通するのは一九三三年で、これによって吉長線、吉敦線という名称は消滅し、京図線（新京・図們）に統一された。

問題は吉長線も吉敦線も中国の鉄道であること。長春が始発駅の吉長線は列車、積み荷、乗務員の手配は満鉄側でできるが、吉林から先はそうはいかない。機関車、貨車、駅務員、乗務員、保線区員はもとより、管理者もすべて中国人なのである。

当時、吉林より先は、日本人の定住の数は少なく、現地民にとって事変は、暗夜の礫《つぶて》のようなもので迷惑千万なことだった。驚いたことにどの駅も無人、関わるのが嫌でみな逃げ出したのだ。踏み切り番も路線の保守、点検要員もである。さりとて満鉄も手一杯で要員を派遣する余裕がない。機関士ならどの機関車も操れるかといえばそうではなく、カーブ、傾斜角度、ポイントなどがわからなければ暗闇で運転しているに等しく、下手をすれば脱線転覆である。ましてやいつどこから敵が攻撃してくるかわからない状況なのである。

二十二日、関東軍は吉長鉄路管理者に、つぎのような指令を出した。

一　吉長鉄路は関東軍において管理する。

一　会社（満鉄）は軍の指示に基づき吉長線管理に必要なる一切の業務をその責任において処理する。

一　吉長鉄路従業員は一時業務に従事せしめず、状況を見て会社派遣員の業務を補助せしむるは差し支えなし。

関東軍が管理するとはいえ、実際は満鉄丸投げなのだが、これは仕方ないにしても、いうほど簡単ではない。機関車には地元機関士と日本人機関士とが同乗。運転するのは地元機関士で日本人機関士がそれを監視する。だが、困ったことに言葉が通じない。満鉄の日本人職員の大半は片言の中国語が話せれば上出来なのである。

満鉄の現場に中国人が大勢働いていた。事変時の職員の数は日本人一万三七八人、中国人一万五七三人とほぼ同数。中国人は満鉄に職を得るために必死で日本語を覚えた。満鉄で働くことはある種のステータスであった。職場では日本語が通じたから日本人は苦労して中国語を覚える必要がなかったし、機関車に乗れる中国人は日本語という難しい壁を突破して資格試験に合格したのだ。

当たり前のことだが、中国鉄道では鉄道用語は中国語だ。また長春・吉林間一二七・七キロ（東京・三島間）、吉林・敦化二一〇・五キロ（東京・郡山間）を保守管理するのは、満鉄をしても容易なことではなかった。関東軍だけでは戦争はできなかったのである。

さらに関東軍は吉敦鉄路管理者に対して、本庄と佐伯の連名で、つぎの指令を発した。

一　鉄路側は日本軍の要求に従い輸送を担当する。但し所要に応じ日本軍において自ら材料を準備し輸送を担当することがある。
一　日本軍は努めて鉄路側の営業を妨ぐることなし。
一　輸送を円滑ならしめるため鉄路側に日本軍の承認したる運輸指揮官及び所要の要員を置くものとす。
一　輸送のため警備は鉄路側においてその責に任ずることを本則とするも所要に応じ日本軍自ら行なうことあり。
一　鉄路側は日本軍の要求に従い所要の鉄路通信線を軍事の用に提供するものとす。
一　輸送に要する経費は鉄路側において支弁す。

これでは鉄道を乗っ取ったようなものである。鉄道を実効支配した上に、費用の負担を押しつけている。鉄路側はたまったものではないが、日本側も無用な摩擦を避け、むやみに一般列車の運行を妨げたことはなかった。鉄道は生活の基幹で、関東軍も地元民を敵に回すことはしたくなかったのである。

吉長線はいわくつきだ。そもそもはロシアが手がけた借款《しゃっかん》鉄道で、長春から吉林へ、さらにその先、朝鮮まで延ばして半島支配の幹線にする腹だった。ロシアの関心が南に向くよりは東に向かせたほうがいい中国はこれを認めた。しかし着工しないまま日露戦争になり、日本が契約を継承したものの建設は進まず、開通後も赤字が続いたことから、満鉄は一九〇八年と一九一七年の二度にわたって二五〇万円、六五〇万円の追加融資をした。そうまでしたのは日本もこの鉄道が欲しかったからである。

一九一一年清国が滅び、一九一二年中華民国が誕生したが、このとき中華民国は「清国の版図とすべての権利と義務を継承」すると宣言し、日本もこれを認めた。つまり契約相手は、今、戦っている張政府ではなく国民政府だったのである。かくのごとく満洲における鉄道問題は、複雑な経緯をたどっており、それが事変を惹起したともいえるのである。付け足せば事変時、吉長・吉敦線への借款金の未返済額は利子を含めて三六〇〇万円に達し、四鄭《してい》線五四〇〇万円、洮昂《とうこう》線一四〇〇万円も合わせると一億円が焦げ付いた状態にあった。事変後、これらの鉄道は日本のものとなった。いわば焦げ付きを回収したのである。

零下三十余度、風速十五メートル

当時、満洲には吉長・吉敦線の他にも瀋海線（瀋陽・朝陽鎮）、四鄭線（四平・鄭家屯）、洮昂線（洮南・三間房）、北寧鉄道（瀋陽・北京）などの中国鉄道があった。もとより関東軍は、これらの路線でも作戦行動を展開した。

瀋海線は張作霖が手懸けた最初の鉄道だ。同沿線は満洲でも有数な穀倉地帯で、ここで取れる穀物、野菜が三十万奉天市民の台所と直結している生活路線であることから、関東軍の対応も慎重にならざるをえなかった。

山口重次の『消えた帝国満洲』によるとこうである。山口は満鉄職員で満洲青年連盟のリーダーでもあり、石原と意を通じて側面事変をリードした一人でもある。石原は瀋海線に関して山口の進言を取り入れて懐柔策をとった。万が一にもお膝元の奉天が騒乱状態に陥るようなことがあったら、事変そのものが頓挫しかねない。

山口と奉天駅助役の田中整は、満鉄本社からかけつけた数名の職員とともに奉天特務機関二階の会議室に集まって対策を協議。任された以上、〈どのような事態になっても関東軍は手を出さない〉〈場合によっては青天白日旗を掲げる〉ことを申し合わせ石原に認めさせた。青天白日旗は国民政府の国旗。かりにも敵方の象徴を認めることに関東軍に強い反対があったが、石原はこの条件を飲んだ。

それにしても文字通り決死行であった。奉天城内にある瀋海鉄道本社は奉天に於ける排日運動の拠点の一つで、激しい抵抗が予想された。山口らは青年連盟のキャッチフレーズである民族協和を旗印に彼らの懐に飛び込んだ。そして根気強い交渉の末、説得に成功、十月十四日、青天白日旗を掲げた復興鉄道第一号が撫順から瀋陽駅に向かったのである。

列車の中にも周辺にも日本軍の姿はなかった。運転したのも警備に当たったのも瀋海鉄道の職員。沿線には青天白日旗の波が続いた。ともかく鉄道は戦闘に巻きこまれずに復興した。捨て身の策が実を結んだのである。

「山口さん、やりましたね。沿線も大歓迎のようでしたね。これが青年連盟の民族協和の精神ですか」

実は飛行機から列車が復興したことで沸き立つ地上の様子を見ていた石原は、後日、そういって山口らを称えた。民族協和を最初に唱えたのは青年連盟で、石原がこれに乗って、満洲国の国是となったのである。

四鄭線は九月二十二日、四平街憲兵隊長が四鄭鉄路局幹部を招いて四鄭線を軍事使用する旨を告げ、以降、四鄭当局の協力を得ながら、翌年二月末までの六ヵ月間にわたって、たいしたトラブルもなく、延べ五百八十二箇列車（うち二百十四箇は装甲列車）が走った。

だが、洮昂線はそうはいかなかった。洮昂線は四鄭線の延長線上にあってソ連が管理する東支鉄道とクロスする。つまり、ここでの作戦行動は中国だけでなく、ソ連が関わってくる。

十月に入って、馬占山率いる黒龍江軍と張海鵬軍とが嫩江《のんこう》を挟んで対決。張海鵬軍は関東軍の代理軍である。馬占山はこの地方唯一の交通路である洮昂線を破壊し、関東軍の北進を阻止せんとした。嫩江沿岸はソーダ土質のため樹木が育成せず、低湿地が果てしなく広がっている。

馬占山軍はこの荒野にかかる嫩江第一、第二、第五橋梁（木製）を破壊したのである。関東軍はお手上げ、満鉄にとっても大打撃。東支鉄道沿線で収穫される穀物輸送は、洮昂線を経由して満鉄本線に流れる仕組みになっていた。穀物輸送が本格化するのは十二月。この年の大豆の予想収穫高は六十万トンで、橋梁《きょうりょう》が復旧しなかったら、それが東支鉄道に流れてしまう。満鉄も必死だ。

同線の竣工は一九二六年、営業開始が一九二七年。満鉄は建設資金、車両代など一四〇〇万円を立て替え、引き渡しと同時に張政府は返済する契約になっていたが、未だ一銭も払ってもらっていない。関東軍は馬軍に橋梁を修築するよう求めたが、馬占山は聞く耳がないばかりか、逆に「わが軍の背後には五万のソ連軍がいる」と開き直った。

橋梁の修築は満鉄がやるしかなかった。だが、両軍が対峙する大興駅に近い第五橋は馬占山の縄張りに近い。

関東軍は馬占山に警告を発した。〈嫩江橋梁を戦術に利用することを許さない〉〈十一月四日正午まで両軍は橋梁から十キロ以外の地に撤退し、修理完了まで十キロ以内の地に入ることを許さない〉〈要求に応じない者に対しては、日本軍に敵意あるものと認め武力を行使する〉。

橋梁の架け替えがすむまで「オレもオマエも手を出すな」ということなのだが、馬占山はこれを無視。後日、馬占山は本庄との問答で、「橋梁を爆破したのは両軍を離すためで、戦闘する考えはなかったが、意図が徹底しなくてああなった」と語った。馬占山は本気で関東軍と争う気はなかったというが真実はどうか。

十月三十日、〈十一月三日正午までに江橋付近に進出し、満鉄会社の架橋工事を掩護すべし〉との師団命令が出た。江橋は大興を南に下った日本側最前線の駅だが、それでも大興駅とは十二キロ離れている。

四日午前九時、双方の使者が第一線の第五橋付近で落ち合い、一時的な休戦が成立したが、午後には約束は破られた。第五橋付近の満鉄架橋班と援護隊は終日、砲火にさらされ、孤立無縁の状況で救援を待った。火急の招集であったため防寒外套、土工工具、糧食などを携帯していなかった。鉄兜で掘った壕に身を潜めた。

四日正午から五日夕刻まで各人が口にしたものは米食少しとキャラメル一個、りんご一個。当夜の気温は零下三十余度、曇り、風速十五メートルの北風。体感温度は零下六十度。この日一日で戦死三十三名、負傷八十五名、四人に一人が戦傷した。

なお軍司令部はこの間、現地との交信が途絶え、まったく現状の把握ができなかったが、四日午後、満鉄からの情報によって初めて被害の大きさがわかった。

本庄日記には、「十一月四日、嫩江支隊と黒軍（黒龍江軍）衝突」「同月六日、朝、嫩江支隊苦戦の報に接す。午後十時、嫩江支隊敵陣を奪取するの報あり」「同月十九日、午前九時三十分、奉天神社に十八日昂々渓南方における戦勝のお礼参りをなす」とある。

北満最大の戦いであったにもかかわらず、なぜか満鉄にはその記録が少ない。「大興付近における戦闘は満洲事変中において最も激戦たりしものにして、当時軍用列車の運転回数は上り二十三回、下り三十一回、合計五十四回に及んだ」とあるだけだ。

北寧鉄路買収の舞台裏

北満方面における戦闘は、十一月十八日のチチハル陥落でピリオッドを打ったが、この間も同地にとどまった満鉄職員による沿線鉄道の修復をはじめ電気、通信など生活施設の回復作業は休みなく続いた。そのために満鉄は千人近い職員を現地に派遣した。

チチハル入城をはたした後も同地に居坐った関東軍に対して、十一月二十四日、参謀本部から、「歩兵一連隊内外の兵力を残して撤退せよ」との命令が下った。これ以上ソ連を刺激するなというのである。チチハルは東支鉄道ではハルビンに次ぐ都市である。

本庄から意見を求められた石原は、「取るべき道は三つあります。国家にとってもっともいいのは撤兵しないことです。第二は関東軍首脳が総辞職を申し出ること、第三は幕僚を変えることです」と答えた。場合によっては自分の首を差し出してもよいから参謀本部の命令を無視しろ、すなわち退《しりぞ》くなといっているのである。本庄は頭を抱えた。今、石原を更迭したら、関東軍は大混乱に陥るのは目に見えている。さりとて関東軍司令官として参謀本部の命令は無視できない。事は統帥に関する問題なのである。

しかし二十六日、事態を一転させるようなニュースが飛び込んできた。天津駐屯の日本軍から関東軍へ援助の依頼がきた。学良の軍隊が天津を包囲したというのだ。第二天津事件だ。関東軍は渡りに船とばかり、北満で転戦中の第二師団の主力を独断で遼河以西へ送り込んだ。

関東軍の狙いが錦州の奉天軍であるのは断わるまでもない。張学良は事変発生以来、北京に在って、十一万の兵を所持し反撃の機をうかがっていた。九月二十七日、錦州に辺防軍司令官公署、及び遼寧省臨時政府公署を設置し、軍司令官代理に張作相《ちようさくそう》、政府主席代理に米春霖《べいしゆんりん》、参謀長に栄秦《えいしん》を任命。いわゆる錦州政権である。

それ以前、事変発生直後に関東軍は、大石橋に駐屯する独立守備隊第三大隊を営口駅に向かわせていた。これには満鉄社員十余名が帯同した。目的は遼河を挟んで対岸にある河北駅を押さえるためだ。河北駅は京奉鉄道の支線・河北線の終点で、溝幇子《こうほうし》駅を通じて瀋陽、北京に通じている。河北駅を確保しておけば、学良軍が京奉鉄道を北上してきた場合、溝幇子駅でこれを迎撃できる。

だがこのとき、河北駅を占拠するには至らなかった。理由は二つ。営口駅と河北駅は指呼の間だが両駅を隔てる遼河には橋がなく、軍隊の大量移動は遼河凍結を待たなければならなかったのと、あと一つは京奉鉄道はイギリスとフランスとの借款でできた鉄道で、現在もイギリスが管理していたこと。イギリスを敵に回すのは国際世論を敵に回すことになりかねず、この時点で関東軍はそこまで踏み込めなかった。

九月二十三日、関東軍は北寧鉄路（当時の京奉鉄道の呼称）と協定を結び、臨時に軍事目的に使用する承諾をとりつけたが、このときは新民屯（瀋陽駅から約六十キロ）までだった。

だが今回は違った。目指すは学良、満洲最後の拠点錦州。戦争をするために混成第三十九旅団、第四旅団を派遣するのである。新民屯から先は関東軍にとっても、満鉄にとっても初めての領域だ。どこでどのような危険が待ち受けているかは覚悟の上で、各駅に守備兵と満鉄職員を配置し、さらに橋梁が破壊された場合に備えて器材を搭載した修理車を用意した。修理車が出動するのは今回が初めてだった。

作戦期間中、装甲車三、軍用列車七、修理車一の十一列車が出動したが、北寧鉄道側のさしたる妨害もなく、このときはすべてが無事、奉天に帰着した。

しかし今回は錦州の学良軍約三万五千が大凌河の右岸まで北上しているのである。十二月二十七日頃、第二師団の主力は結氷した遼河を渡って河北駅から溝幇子駅へ進撃、混成第三十九旅団は奉天から北寧鉄路を一路錦州を目指して南下。

一月三日、錦州が陥落、学良軍を満洲から追い出したのである。

このとき、関東軍の軍事行動に対して、北寧鉄路側が協力的であったのには訳があった。作霖の跡を継いだ学良は東北交通委員会を設立し鉄道問題に対処させたが、委員会は借款団に対して返済金を払わなかった。そして事変のあった今、委員会は消滅し、借款団は返済が期待できる相手がいなくなったのである。

しかも鉄路は、大きなトラブルを抱えていた。事の起こりは借款団代表のイギリス人スチールが中国側に買収され、沿線主要駅のイギリス人駅長を辞めさせたことにある。一時は上海のイギリス総領事を巻き込んでの騒動となったが、一度はスチールが辞めることで決着を見たものの、今度はスチールの退職金をめぐって紛糾中に事変に突入した。

形勢不利なスチールは、紛争の中身を外部に洩らした。それをたまたま山口重次がキャッチ。山口の著書『消えた帝国満洲』によれば、スチールから借款契約書の写しと未払い月賦金の額、およびイギリス人駅長団の人別調査表を入手した山口は金井章次（青年連盟理事長）、小沢開作（長春支部長）らと協議し、北寧鉄路の買収に乗り出した。

問題は一八九八年から一九二一年にかけての未払い金六万五八五二ポンド。これが回収できれば、イギリス側は赤字続きで、この先も儲かりそうにもない鉄道に未練はなかったのである。

錦州攻略戦は正規軍の戦いばかりではなく、学良軍が背後で尾を引く馬賊とのゲリラ戦でもあった。戦いの場は北寧鉄路沿線だけでなく、満鉄本線、安奉線など南満洲全域に広がり、馬賊による線路、電線、信号機の破壊が毎日、どこかで起き、満鉄の被害は深刻であった。

そうした最中にも、山口らによる北寧鉄路買収工作は続けられた。錦州攻略戦が一応の決着を見た一月五日、板垣、石原は山口らの報告を受けてこれを承認。日本側の買収工作を察知したイギリス総領事が、慌てて奉天にやってきて抗議したが、最終的には花旗《かき》銀行（イギリス系）振り出しの小切手にサインした。イギリス側も花より実をとったのである。

事がうまく運んだのは、奉天省と新規東北交通委員会を表に立て、関東軍も満鉄も陰に回ったからである。奉天省最高顧問で東北交通委員会の顧問でもある金井の働きが大きかった。

北寧鉄路は一九三二年三月一日の満洲国の成立と共に交通部に移管せられ、翌年二月、他の満洲国国有鉄道と共に満鉄の委託経営となった。鉄路は山海関以南の関内（中国本土）と以北の関外（満洲）に跨《また》がる。日本が得たのは山海関以北で、当然、借款は関内と関外に及ぶが、その線引が困難なため、後日の問題として全額を日本は払った。かくして京奉鉄道は北寧鉄路から、満鉄の管理下となって奉山線（奉天・山海関）と名称が変わったのである。ちなみに小沢開作は世界的な指揮者小沢征爾の父。

ハルビン

いよいよハルビンだけが残った。関東軍が一番欲しいところが残ったわけである。

この時期、ハルビンでは熙洽のクーデターで吉林を追われた学良軍の残党が浜県政府を樹立していた。これを熙洽軍が追撃、一月十八日、吉林・ハルビンの中間地点の楡樹《ゆじゅ》を占領し、二十五日、双城子を攻略したが、浜県政府の抵抗は堅く、ハルビン突入を果たせなかった。

関東軍がこの戦いにタッチしなかったのは、陸軍中央の命令もあるが、鉄道もなく地理も不案内な地域での戦いは苦戦必至で、相手の土俵での戦いを避けたといってよい。関東軍の戦力が目一杯だったこともある。

当時のハルビンは東洋人と西洋人が雑居する国際都市。一九二五年の調査では、ハルビンの総人口は三一二、五二九人、国籍別人口は中国人二一二、八六三人、ロシア九二、八五二人、日本三、二八七人、イギリス一五〇人、アメリカ一一二人、ドイツ一四三人、フランス一三〇人、朝鮮九六二人、その他の外国人二、〇三〇人。

中国人が圧倒的に多いのは当然としても、ロシア人を筆頭に日本人の三倍以上の白人が居住するハルビンで事を起こすのは慎重にならざるをえない。東支鉄道の実質的なオーナーで政治、経済を支配するロシアの反発も覚悟せねばならない。

さすがの関東軍も、ハルビンに直接、軍事行動を仕掛けることをためらった。関東軍はとりあえずの手段として、九月二十七日、東省特別行政区長官の張景恵を懐柔して東省特別区治安維持会を設立させ、日本の地歩を固めようとしたが、思うような成果は上げられなかった。

だが関東軍は諦めなかった。錦州が片付き押せ押せムードの今を外せば、ハルビン攻略の機会を失うと判断した関東軍は、強行手段に出る腹を固めた。熙洽、張景恵らが和平を訴え、ハルビン特務機関長の百武晴吉中佐までもが軍司令部に、「話し合いで解決させるから、ハルビン攻略はしないでくれ」と要請したにもかかわらず、関東軍は方針を変えなかった。

関東軍がハルビンに進攻するには東支鉄道南部支線を北上するしかないが、それにはいくつかの障害があった。一つはゲージ。東支鉄道のゲージはロシアサイズの五フィートにたいして満鉄は四フィート八インチ半の国際サイズ。わずか一インチ半（一インチは二・四五センチ）とはいえ、列車の乗り入れは不可能。

もう一つは言葉。一九〇三年の開業以来ロシアの管理下にあり管理者はロシア人で、鉄道の現場で交わされる用語はすべてロシア語。現場で働く中国人もである。先の吉林進攻でも中国語の壁に悩んだが、ロシア語のハードルはさらに高かった。

関東軍が進攻してくるとわかって、ハルビン市内の治安が急激に悪化。居留民は在郷軍人を中心に自衛団を作り、市内数ヵ所のビルにたてこもった。

一月二十七日、ハルビン郊外において日本人一名、朝鮮人三人が浜県軍に殺された。また偵察中の飛行機が不時着し、乗っていた大尉が殺害された。

同日の本庄日記である。

「この日ハルビンにおいて煕洽軍と反吉林軍（浜県軍）との衝突あり。我が飛行機撃墜され居留民危害を受け出動を決意す。

午後四時、ハルビン出動を大臣、総長に電請す」

いよいよである。

関東軍は東支鉄道側に軍事輸送列車の提供を申し入れたが、回答はのらりくらり。「本国に問い合わせ中」「厳正中立だ」「鉄道従業員がストをやっているから列車は動かせない」

二十八日早朝、満鉄の職員と護衛の兵士を乗せたモーターカーが長春駅から寛城子駅に向かった。目的はロシアサイズの機関車の確保。だが、ロシア人駅長との対話は成立しなかった。

寛城子駅は南部支線と満鉄線との接点。例年だと穀物輸送が最盛期を迎えるこの時期は多数の苦力が構内に溢れているはずが、人影もまばら。そこで勝手に機関庫に行くと、火入れをした機関車が四台見つかったので、無断で長春に持ち帰った。とりあえず五フィートサイズの機関車が確保できたのである。輸送を円滑に行なうために寛城子・長春間は相互乗り入れとなっていて、両サイズの線路が平行して走っていた。

二十八日午後三時、長春駐屯の長谷部旅団に出動命令が下った。もとより満鉄にもである。

満鉄はただちに駅員三名、機関区員四名、保線区員三名計十名を護衛の兵士同行で寛城子駅に派遣し、午後十時から四個列車の編成に着手。機関車は今朝方、寛城子駅から無断拝借してきたもので、客貨車はソ連側の引込線に係留してあった四百五十七両を拝借。

編成は第一列車が保線材料を搭載した無蓋貨車を先頭に山砲搭載の無蓋貨車、機関車、有蓋客車、後方二両の有蓋貨車と合わせて六両。搭乗兵員は約四十名、山砲一門のほかに重機関銃二梃、軽機関銃二梃を搭載、満鉄職員六名、中国人作業員十五名。無蓋車両を先頭に立てるのは前方監視と脱線衝突の際の機関車の被害を最小に止めるためである。第二〜第四列車の編成は十五両ないし四十両。

先頭車両には車掌と警備兵が一名ずつ。夜はヘッドライトの光を頼りに暗闇の中の前方を凝視しながら走る。零下三十度の酷寒の中、風を裂いて突き進むのだから、全身を完全防寒服に包んでも身は切られるようである。機関士も同様だ。ハンドルを握ったまま、半身は常に小窓から乗り出し、前方車掌からの信号に注視しなければならない。

相手側の妨害は予期していたものの、現実は予想をはるかに上回った。輪転材料の形式が異なるため列車編成の作業ははかどらないうえ、連結器は鎖錠され、カギを渡してくれないから、やむなく破壊。夜は構内の明かりがつかない。発電所従業員のサボタージュである。第五列車は入れ替えに使う機関車がないため、人力で貨車を引っ張った。

編成を終えた列車は、一度、長春に戻って、人、荷を積んだ後、次の時刻に発車した。

第一列車　長春発一月二十八日十六時十分。
　寛城子発同日二十時。
第二列車　長春発同日二十時五十分。
　寛城子発同日二十一時二十五分。
第三列車　長春発二十九日一時九分。

寛城子発同日一時三十五分。
第四列車　長春発同日十六時三十分。
寛城子発同日十六時四十分。

何とか寛城子駅を発車したが、問題はその前途であった。

要所要所で犬釘が抜かれ、レールが外され、木橋が焼却されており、そのつど、列車を止めて修理していると、暗闇の中から銃弾が飛んでくるから作業はしばしば中断。途中恐いのはポイントの誤作動。一つ間違えると脱線転覆の大事故になりかねない。途中通信ボックスは施錠され、駅長はカギを渡さない。やむなく破壊。夜、満洲の原野は文字通り漆黒の闇。前方が確認できなければ危険この上ない。どの機関士も初めて扱う機関車で、しかもこの路線を走るのは初めてなのである。

旅団司令部、連隊本部が乗った第二列車は、三岔河《さんたが》駅でポイントの誤作動のため待機線に突入、列車止めも飛び越えて転覆、機関車はいちじるしく破損し走行不能となったため、先行する第一列車を呼び戻し、さらに後続の第三、第四列車の到着を待って列車を再編成することになった。辛うじて脱線を免《まぬが》れた車両を本線に戻す作業は、すべて人力。

ともかく第一、第三、第四列車が揃って、態勢を立てなおして再出発して、双城堡《そうじょうほ》駅に到着したのが三十日の午後二十三時三十分前後。長春駅から双城堡は二百キロほどで、通常の貨物で五時間のところが六十時間かかった。

ところが、双城堡駅でも難題が待ち受けていた。ロシア人の駅長が「今、ハルビンから貨物列車がこちらに向かっているから、日本の軍用列車は待機線で待って貨物列車を通してほしい」という。支線は単線だから駅長のいうこともっともで、無視して行けばどこかで衝突する。

ところが、いくら待っても列車は現われない。駅長はいつのまにか雲隠れ。まんまと騙されたのだ。地元民によれば双城堡に駐在していた吉林軍二百名が、数日前、残党討伐に出掛けたがまだ帰らないという。

あらためるまでもなくここは戦闘地域なのである。緊張が走る。

双城堡駅はロシアが建てた瀟洒《しょうしゃ》な建物。線路の右手には旧《ふる》くからの集落が、左手にはロシア人の住居がある。とりあえず視界が開ける夜明けを待つことになって、兵士たちは列車から降りて警戒態勢に付いた。後続軍のために列車を長春に帰すことになった。機関車が必要なのである。

積み荷を降ろす作業は夜をついて行なわれ、終わったのは午前三時。長春を出てから三日三晩、緊張の連続で、みな一睡もしていない。駅舎の食堂のコンクリートの上に脚を投げ出し横になったが、零下三十五度の寒気でなかなか眠れない。まどろむこともなく、バンバンという銃声。時計を見ると五時。

駅舎はいつのまにか三方から包囲されていた。銃声が激しくなった。戦闘だ。わが軍の山砲、機関銃が一斉に火を吹く。弾丸は三方から飛んでくる。駅舎は煉瓦造りの重厚な建物だが、着弾するたびに揺れる。負傷した兵士がつぎつぎに運びこまれる。満鉄の職員もいる。戦闘は八時を過ぎて納まった。

兵士たちはここにとどまり、満鉄職員は被弾した機関車、車両を点検して長春に引き返す作業にとりかかった。十一時、双城堡を出発したものの、途中、何度も敵の襲撃に遭い立ち往生。二日一時五十分、やっとのことで長春に辿り着いた。

長春で新たな編成を組んで、再びハルビンに向かう。第五列車が長春駅を発ったのが二月四日十時五十五分、これには多門師団長が乗っていた。途中、双城堡の先を徒歩で進撃中の先発の長谷部隊と合流、ハルビンに到着したのが五日二十時三十分。平常特急で五時間の長春・ハルビン間を八昼夜を費やしたことになった。

ハルビンが陥落すると、あれほどハルビン進攻に反対した参謀本部から閑院宮参謀総長の名で関東軍に祝電がきた。

「寡兵を以て克《よ》く之れを制圧し以て帝国臣民保護の大任を全うしたるは、載仁《ことひと》の深く之れを嘉するところなり」(一部)

そして本庄は、「日本軍の決心」と題して、つぎの一文を発表した。

「今回の事件を借りて以て東北三千万民衆を開放し之れより日鮮満蒙漢人の大衆的文明的の楽土に到達せしむべく其の建設を完成して止むべきものなるを確信す。我ら軍人は必ず一層努力して東北三千万民衆をして完全に幸福の境地に居住せしむるを要す」(一部)

だが、開放されたハルビンはどう変わったか。戦前のハルビンについて多くを書いている杉山公子さんの著書『哈爾賓《ハルビン》物語』から垣間見ると。

一九三二年　三七九名
一九三三年　五五〇名
一九三四年　七七五名
一九三五年　一三二三名

数字は小学校の児童数である。急激に日本化が進んだことがわかる。ハルビンには満鉄の付属地はない。ハルビンに日本人が居住するようになったのは十九世紀末から二十世紀初頭にかけて。周知のようにハルビンは東清鉄道(東支鉄道の最初の呼称。

同鉄道はこの後も中東鉄道、北満鉄道と名が変わる）建設と共に栄えた町で、初期の日本人もそれに直接、間接に関わった人たちである。彼らは自分の意志でハルビンに来て、居留民団を作って自らの生活を守った。それ以来、関東軍や満鉄と関わりなく生きてきた。

一九〇二年のハルビンの人口三万人のうち日本人は五一九名（男二四一、女二七八）。杉山さんはハルビンで生まれた。事変時は満四歳。杉山さんは事変でハルビンが変わっただけでなく、ハルビンの日本人が変わったという。土着の日本人より外来の日本人が多くなった。転勤族である。先の児童数の増加がそれを示している。杉山さんは事変前のハルビンと事変後のハルビンは別だという。転勤族は二、三年でハルビンを出て行く。土着の日本人はハルビンを終息の地と決めている。その違いを杉山さんはいいたかったのではないだろうか。

かくして日本は、念願の満洲を手に入れたが、その色はさまざまであった。これはハルビンだけではない。

フル活動した地方事務所

関東軍は情報収集能力に欠けていた。最大の泣き所といってよかった。鉄道（満鉄）と付属地とその住民を守ることが任務の関東軍は満鉄沿線にしか駐屯できなかった。沿線一キロあたり十五名、総計一万四千四百十九名のおよそ二個師団。設立以来の関東軍の変遷は省《はぶ》くが、事変時の独立守備隊六個大隊、駐箚《ちゅうさつ》一個師団の形が整ったのは、事変二年前の一九二九年のことである。

事変当時、独立守備隊は公主嶺（本部）、奉天、大石橋、連山関、鉄嶺、鞍山に大隊本部があった。駐箚師団の司令部は遼陽にあって、事変時は第二師団（師団長多門二郎）が駐屯していた。地図を開けば一目瞭然だが、これらはすべて満鉄の沿線にある。

陸軍には特務機関というのがある。参謀本部に直結する特務工作機関で情報収集が主な任務だが、必要なら破壊工作もやった。特務機関としては中国本土の上海、天津、満洲では奉天、ハルビンが知られているが、公館と称したり、領事館の一部に潜んでいたりして、今となってはその実態はつかみにくい。

日本は日清戦争前後、謀略活動の必要性に目覚め、中国大陸で特務工作を行なった。その結果、中国通と称される軍人を多数輩出した。本庄、板垣、土肥原もその一人だ。しかし参謀本部の目は、圧倒的に情報が多い中国本土に向けられ、満洲が注目されるようになったのは、張作霖が奉天将軍に伸し上がった一九一七年頃からで、張のもとに軍事顧問という名の工作員を送り込むようになったのもその一つ。

軍事顧問という役柄が非常に曖昧で、双方の特殊情報に触れることが多いことからその立場は微妙であった。作霖の軍事顧問として町野武馬が有名だが、本庄も一九二一年から三年余、作霖の軍事顧問を務めた。

事変には特務機関、軍事顧問が多くかかわった。奉天特務機関の土肥原、吉林軍軍事顧問の大迫、ハルビンでテロを主導した甘粕は板垣の指示で動いた。満洲の特務機関開設はハルビンが早く一九一八年、奉天は一九二〇年。

満鉄の組織は総務、調査、運輸、鉱業、地方の各部に分かれていたが、地方部を中央に対する地方ととらえるのは間違いで、各付属地の行政権を掌握する地方事務所は、満鉄の主要な柱でもあった。

事変時、この地方事務所あるいは出張所がフル回転した。最先端の実行班であるだけでなく、情報収集においてでもある。

関東軍が付属地の外に拠点を持ち得なかったのに対して、満鉄は鉄道連絡用の出張所、穀物の買い付けのための要員を各地に配置していた。事変での情報収集の面で、彼らの働きは大きかった。

中心は奉天地方事務所。奉天に設けられた臨時時局事務所が関東軍の臨時鉄道線区司令部と一体となって、事変遂行の原動力となったことは、すでに述べたが、日露戦争以来、奉天城内にあって情報収集にあたってきた満鉄公所をも併合し、さらに他の在奉諸機関とも連絡して、得た情報は細大洩らさず関東軍に提供。奉天地方事務所が中心となって関東軍、領事館、海軍特務機関、警察などの関連者会議が週三回もたれた。

長春。事変初期、吉林からハルビン方面への情勢が混沌としていた時期の長春地方事務所のスタッフは寝る時間がなかった。あがってくる情報は中国側からのものが多く、その信頼性を見きわめたうえで、日本語に翻訳して関東軍など関連機関に提供した。関東軍司令部が長春に移駐するまで、中心的役割をはたしたのも長春地方事務所であった。

ハルビン。事変による衝撃を受けたのは日本人だけでなく、中国人もロシア人もである。将来への不安から情報が錯綜するなか、地方事務所は特務機関、領事館、商工会議所、商品陳列館、国際運輸、各国特派員らと間断なく連携し不安払拭《ふっしょく》に努めた。一九三二年二月、日本軍が入城すると地方事務所は臨時時局事務所に昇格し、同時に情報係が設けられた。情報係は一般情報と軍事情報に二班に分けられた。いかに情報量が多かったかである。

チチハル、洮南、鄭家屯らは、いわば敵地で、満鉄の地盤も脆弱《ぜいじゃく》なことから情報収集は困難をきわめた。対象となる地域が広大で通信が困難なこと、抗日勢力の構成が複雑で、対日感情にも地域差があったことから情報の信憑性にバラつきがあったのもやむをえないことであった。

無線通信車と宿営車

一体、満鉄は事変期間中、関東軍のために、どれだけの列車(軍用)を走らせたか。事変が発生した一九三一年九月から終息した一九三三年三月までの十九ヵ月の総計は機関車六千九十八両(延べ)、客車九千二十三両、貨車四万二千二百三十四両。走行距離は機関車三十四万九千五百二十三キロ、客車百二万八千二百四キロ、貨車四百六万七千八十九キロ。計算上は貨車は地球(赤道)を約百周、客車は二十五周した計算になる。

戦線が広がるにしたがって車両のやり繰りに苦労したうえに、もともとなかった病院車、患者輸送車、霊柩車、無線通信車、作戦指令車、宿営車などを必要に迫られて、既存車両を改造してあてた。病院車は寝台車を、霊柩車は寝台車と一等車両を、患者輸送車、無線通信車、作戦指令車(会議用テーブル付き)らは三等車両を、宿営車は有蓋貨車を改造。

　なかでも存分に機能を発揮したのは無線通信車と宿営車。無線通信車には車両間の通信のための長波無線、奉天の司令部との連絡用に短波無線を設置。社外線の車両にも、同様の施設を備えつけ、作戦上、多大な貢献をした。さらに満鉄は社内交換電話百二十、社内関連機関との電話七十三、駅間電話、構内電話など百六十三の社内電話を増設し、さらにまた奉天の司令部と長春、遼陽、洮南、営口、巨流河、公主嶺などの要衝との直通電話を設置した。いわば関東軍の目と耳の役割をはたしたのである。

　宿営車は作戦上、同一地点に一定期間止まる場合、あるいは宿営施設のない地域に不可欠であった。冬場、零下三十度まで下がる北満では野営はできない。車両には特殊な耐寒設備が施《ほどこ》された。車内に暖炉があるのはもとより、壁も保温性の高いものを張り替え、床には乾燥した木屑を敷き詰めた上をアンペラで覆った。寝台は上中下段にそれぞれ藁《わら》を敷いた。

三人に一人が馳せ参じた

　また、どれだけの社員を事変現場と関連機関に派遣したのか。『事変と満鉄』によればその数は二千六百名。

関東軍関係　四〇五人
省関係　二五人
政府関連機関(自治指導部外)　一〇〇人
鉄道現場(社線)　一一三八人
社外線　七四五人
その他　一八七人

ただし、この数字は正規の手続きを経て派遣されたものだけで、自分の意志でかってに職場を離れた者は含まれていない。その数は当局もつかめていない。事変当時の日本人社員は約一万人とすると、およそ四人に一人が事変に馳せ参じたことになる。四人に一人を、今の職場に当てはめてみると、そのスゴさがわかる。しかも残った三人も、在席ながら事変に関わっているのである。彼らの給与は、当然、満鉄が払った。本給のほかに旅費、住宅、在勤、家族手当てなども含め、正式に計上されたものだけで百七十九万三千五百六十五円。

弔慰金は三千円

満鉄関係の殉職者は日本人二十七名、中国人十二名。日本人殉職者のうち十四名は靖国神社に祀られた。殉職者への弔慰金は内規により最高額の三千円が支給された。条件が満たない場合は切り上げて三千円にした。総理大臣の月給が八百円の時代だ。葬儀は社葬。殉職者はすべて業務中である。

満鉄の収支

満鉄は事変にいくら出費したのか。『事変と満鉄』には銭単位の詳細が記載されてある。さすが調査の満鉄である。

「唐突に事変が勃発したことで、どこまで進展するのか予断を許さなかったことから経理に関しては、見当が明瞭になるまで事変費を仮払い金として処理してきたが、満洲国が創建され、わが国の満洲国に対する国策も明らかになり、事変そのものも落ち着く方向に向かうと推測される状態になったことと、経理上、事変費をいつまでも仮払い金として処理することは、さまざまな面で不都合なことから、仮払い金整理は特種なものを除いて昭和七年五月三十一日を以て打ち切り、六月一日より本来の各箇所における当該適当科目を以て支出することにした」

事変は満鉄にとっても唐突で、経理上の処置も当面、当惑したようである。

〈昭和七年度満洲事変関係経費出資額〉

・六年度陸軍よりの受領額半減による会社損　一、〇八五、四二四円
・七年度四・五月分陸軍よりの受領額半減による会社損　二〇八、二一六円
・事変関係人件費　一、二六四、四二五円
・弔慰金及び見舞い金　五八八、四八三円
・国際連盟調査団費用　一一七、四九三円
・陸軍車両使用料及び貸与車両修繕費　五一七、〇一三円
・車両貸与に伴う燃料費増加額　一二六、〇〇〇円
・鉄道関係警護諸費　六三六、二四八円
・事変関係刊行物諸費　二七、三七二円
・慰問品振替運賃　八九、〇三二円
・各種補助金　六二四、九三〇円
・その他雑費　四八一、三三六円
合計　五、七六五、九七二円

これが最初に提示された出費一覧で、純粋な軍事費以外は、すべて満鉄が負担したということである。これには補足説明がある。昭和七年六月、会社と陸軍との協定の結果、陸軍は会社に対して、実際にかかった費用（二、一七〇、八四九円）の半額を

支払うことになったので、半額を会社損として処理したという。値切られたのである。半額になった理由についての記載はない。

しかしこれで終わりではない。昭和七年にまたがった出費が五、七六五、九七二円。さらに昭和八年に繰り越し分が一、五八三、七六九円。多年度にわたる収支には重複もあるので、表面の数字だけでは実態はわからないが、満鉄のトータルの出費が一千万円を超えたのは間違いない。伊藤武雄（一九二〇年満鉄入社。以来調査畑を歩き、一九四三年満鉄上海事務所長を最後に退社）によれば一千八百万円にのぼるという。ちなみに昭和六年の満鉄の総収益は一二、五九九千円でしかなかった。もっとも同年は事変の混乱によって記録的な減益となった年で、状況が好転した翌七年は六一、二八八千円と大幅に収益を延ばしたが。

事変で張政権が倒れ、満鉄包囲網が崩壊したことで、満鉄が得たものは大きかった。北満鉄道を除く、すべての鉄道、あらゆる産業が満鉄の手のなかにおさまるはずであった。実現しておれば、まさに満鉄王国の誕生である。しかしこの後、満鉄を思いもかけない運命が待ち受けていた。関東軍と陸軍省軍務局による満鉄の改組、改組の後の解体である。軍の狙いは満鉄という巨大コンツェルンを解体し、満洲を内地資本の自由な投下地として開放することにあった。そのためには関連諸事業を切り離し、満鉄を鉄道事業だけの会社にするというのである。多大な犠牲を払って事変に貢献した結果が、自らの解体を導いたのである。満鉄が存在したことで事変は起き、事変が満鉄の解体を招いたというのも満鉄の定めというべきであろう。満鉄は創業時の役割を終えたのである。

エピローグ——変転

永田鉄山と石原莞爾

周知のごとく事変は石原が意図したような展開にはならなかった。張学良を満洲から追い出した石原が次にやるべきことは、日本国内からの圧力、干渉を逸らしつつ、理想とする満洲国の建設であった。しかし道半ばにも至らず挫折する。

一九三二年八月に発令された人事異動である。本庄司令官以下、事変に関わった関東軍首脳は板垣を除いて一括、満洲から転出させられた。本庄は軍事参事官に、石原は参謀本部付きに、松井太九郎、竹下、武田素、片倉らの参謀も国内に転属となった。

この人事の後にくるものがなんであるかが、石原には予測しえたはずだが、「王道楽土」「民族協和」の建国精神が後継者によって継承されると思っていたとしたら、そこが石原の限界であろう。権力は当然のごとく、満洲を自家薬籠中の物としてしまった。自他ともに反逆児と認める石原に権力の本質がわかっていないはずがない。石原は優れた兵法家ではあっても革命家ではなかったということなのか。

板垣は満洲に残ったが、高級参謀から奉天特務機関長への転出は少将に昇級したとはいえ、あきらかな降格。そもそも特務機関は陸軍の組織ではあるが、その任務は「統帥範囲外の軍事外交と情報収集」と定められているように、シャバの通念でいえば出世コースから外されたのである。板垣は一年余で関東軍参謀副長に復帰するが、この間の無念さを「残躯を構えて徒《いたずら》に虚名を累せられ、浪々の生活を送る。慚愧に耐えず」と久留米第十二師団参謀に転出した片倉に伝えている。

石原が満洲を去る際、本人も周囲も陸大教官に復帰するのではないかと思っていた節がある。ところが案に相違して、陸軍の中枢である参謀本部（作戦課長）に迎え入れられた。石原は大佐に昇級したが、問題児の石原は出世が遅れていたのである。事変への論功行賞であったろうが、抜擢の背後には永田鉄山軍務局長の力が働いたとされている。

永田は「永田の前に永田なく、永田の後に永田なし」といわれ、これからの陸軍を担う逸材と期待されていた。永田の政治力に石原の作戦能力が加われば、陸軍はどう変わったか。永田は神懸かり的な国体論を冷ややかな目で見ていたが、このことが命取りになった。神懸かり的な国体論者（相沢三郎中佐）に殺されたのである。支那事変（盧溝橋事件）が勃発した時、石原は拡大を阻止すべく奔走したが、やはり神懸かり的な勢力によって、作戦部長の地位を追われ、満洲に追いやられた。

しかしこれが巡り合わせというのか、石原が参謀本部に初登庁した八月十二日、永田が陸軍省の自室で斬殺されるのである。永田の死は陸軍にとって大きな損失であっただけでなく、有力な後ろ盾を失った石原への影響も計り知れないものがあった。永田・石原コンビが健在なら、無知で無謀な大陸進攻をどこかで止められたかもしれないのである。

それはさておき満洲だ。後任の関東軍軍司令官には武藤信義大将が、参謀長には小磯国昭中将、参謀副長に岡村寧次少将が、高級参謀に斎藤弥平太大佐が就任。参謀陣も塚田攻、原田熊吉、沼田多稼蔵、岩畔豪雄ら一騎当千の強者が揃った。本庄時代と比べて関東軍は質量ともに一段も二段もグレードアップしたものとなった。

陸軍の最長老の武藤は一九二六年に続いての二度目の就任で、満洲派遣特命全権大使、関東庁長官を兼務し、名実ともに最高権力者として満洲の地に舞い降りた。これによってこれまで外務省、拓務省が持っていた諸権限が、すべて軍司令官のもとに統一されることとなった。

小磯は三月事件、十月事件、事変時の軍務局長で、三月事件の直前、宇垣一成と大川周明とを引き合わせたのは小磯とされ、「お国のために命を投げ出すのは軍人の本懐」という宇垣の言葉が大川を通じて橋本欣五郎らを勢い付かせた。小磯はいわば陰の仕掛人なのである。一九四四年、サイパン失陥によって総辞職した東条の後の首相に就任。本土決戦に備えて国内態勢を強固にするために陸軍大臣との兼務を計ったが陸軍に拒絶され、また繆斌《みようひん》を通じての蔣介石との和平工作にも失敗に終わるなど、とかく策に走りがちなところがあった。

岡村は中国勤務五回、在中十六年という陸軍屈指の中国通で、ある意味で事変の総決算ともなった塘沽《タンクー》停戦協定では日本側の代表を務めた。後で触れるが塘沽停戦協定がその後の日中関係のターニング・ポイントとなったのである。終戦時は支那派遣軍総司令官のポストにあったが、終戦の前日、「百万の精鋭健全のまま重慶軍に屈伏することは承服できない」と上申したことで知られている。これが帝国軍人魂といいたげなのである。

ともあれ、新体制によって四頭政治の悪弊は解消されたが、関東軍は内面指導という、途方もない権限を手にした。満洲国政府のすべての政策、人事は特務部の承認を得なければならなくなったのである。特務部は参謀部に付属し、部長は参謀長の小磯が兼務。指導という名の専横を欲しいままにしたのである。

内面指導に政府はとことん悩まされる。当時、政府の総務司長の職にあった星野直樹は、「二重政府の非難が起こり、特務部は末細りとなり、いつのまにか消えて行ったが、武藤司令官、小磯参謀長来満当時の特務部の勢いは、なかなか猛烈であって、特務部との意見調整が、総務司長としてはたいへんな仕事であった」（『見果てぬ夢』）と遠慮がちに述べているが、特務部は消えても内面指導は参謀部第三課に引き継がれた。「泣く子も黙る関東軍」の誕生である。独断に陥りがちな内面指導が満洲国崩壊の一里塚であったことは、その後の歴史が証明している。

満鉄なくして事変の成功はなかった

八月に辞令が出たが、本庄が満洲を離れたのは九月二日のこと。大連からの船便で四日、門司に上陸、八日上京、天皇に拝謁して事変について上奏。

本庄は一九三三年八月、侍従武官長を拝命。在任中に二・二六事件が勃発し、侍従武官長として天皇のお側にあった、本庄は軍部との板挟みに悩まされる。本庄の女婿山口一太郎大尉が青年将校らの決起を知っていたことが、本庄の苦悩を深刻なものとした。事件当夜、歩兵第一連隊の週番司令であった山口は、首相官邸に向かう栗原らを見送ったのである。『本庄日記』には、「女婿山口がこの事件に関与しありと聞くに及び、繁が憂慮は、殆どその極に陥り」とある。それにしても本庄は満洲事変と二・二六事件と、昭和の二大暗黒事件の当事者（巻き添え?）となる不思議な運命の人である。

話を満洲に戻すと、本庄が満洲を去る三日前の八月三十日、大連の満鉄協和会館では満鉄主催による本庄の歓送会が盛大に行なわれた。席上、本庄は次の感謝状を読み上げた。

客歳九月十八日満洲事変勃発するや、社員各位は能く今次事変の重大性を認識し、真に軍民一致の範を垂れたり。

抑々《そもそも》大作戦は鉄道なくしては遂行し難く機動作戦は愈々《いよいよ》之れによって光彩を放つ。神速なる関東軍の行動は実に帝国の実力を発揮する貴鉄道厳存の賜なり。而も武装なき社員各位が繁劇なる軍事輸送に従いつつ、勇躍して危地に赴くところ、伝統の日本精神の発露とは謂《い》え本職の尤《もっと》も欣快とし尤も感謝に堪えざる所なり。唯々凶刃に斃れたる社員と遺族とを想えば、実に断腸の思いあり。

ここに大命に接し終生の思出の地たるべき満洲を離れるにあたり、社員各位の偉業と後援に対し衷心より感謝の意を表す。

昭和七年八月八日

関東軍司令官陸軍中将

従三位　勲二等　功三級　本庄繁

南満洲鉄道株式会社

総裁　伯爵　林博太郎殿

感謝状は『事変と満鉄』の巻頭に掲載されてあった。前後の解説によると、「昭和七年八月三十日午後三時四十分協和会館における本庄中将感謝送別会席上、同中将より、次の感謝状並びに謝辞を贈られた」とある。協和会館は満鉄本社に隣接する、当時、大連で最も大きいホールの一つ。感謝状の日付が八月八日なのは、本庄が関東軍司令官である最後の日だからであろう。内田はすでに辞任しており、七月二十六日から総裁は林博太郎であった。

あらためるまでもなく、満鉄が関東軍と一丸になって行動したことが明白に述べられてある。本庄は「満鉄なくして満洲事変の成功はなかった」とまでいきっている。満鉄が本庄のこの言葉を『事変と満鉄』の巻頭に持ってきたわけもそこにある。当時としてこのことは誇れることであったのだ。

同書の序には新総裁の林の署名がある。

〈序〉

昭和六年秋九月、満洲事変の勃発するや、勇猛果敢なる我が国軍の臨機処置と、神速機敏なる其の行動とは、遂に満洲国出現の新局面を打ち出し、極東近世史上未曾有の変革を招来するに至った。

是時に当り、わが満鉄会社においては全重役社員盡《ことごと》く奮起し、協力戮戮、渾然一体となり、義勇奉公の赤誠を発揮し、広汎なる社業の全般に亘り、直接と間接とを論ぜず、所有機能を発揮し、一糸乱れざる統制の下に活動を開始し、外には第一線における将兵の作戦を援助し、内には専《もっぱ》ら銃後の後援に努め、終始一貫、多大な犠牲を惜しまず、昼夜寒暑の別なく、最善の力を致して、以て非常時局に貢献する所あった。

惟《おも》うに斯くの如きは会社創立以来全くなき大規模の活動にして、永遠に会社社史を飾る劃期的《かつきてき》の一大業績である。因《よ》って曩《さき》に此事を記念するために員を定め、資料を蒐集し、是が編集に着手せしめたるが、爾来一年有半、その稿全く成る。此書が事変の勃発の発端として既往二個年間に亘る会社の事変活動史なるは勿論、四萬社員健闘の記録である。一方亦《また》満洲事変の側面史として多大の価値のあることを信ずる。是を単に社史の一部として観るも、会社本来の使命を遂行したる点においても、最も誇る可きものあるを覚ゆる。今茲《ここ》に上梓するに際し、一言編纂の由来を述べ以て序と為す。

昭和九年九月

南満洲鉄道株式会社

総裁　伯爵　林博太郎

何をいわずとも二つの文章を重ねると、そこに浮かび上がってくるのは事変の実相である。関東軍のあるところ、満鉄があったことを総裁自らが語っているのである。『満洲事変と満鉄』は上下巻合わせて千二百頁の大冊。部隊、兵器・弾薬の輸送にとどまらず、情報収集、通信・連絡、医療、食料などの輸送から、内外における宣撫活動、慰問に至るまでを、満鉄が担ったのである。すべて日時、数量付きである。さすが調査が売り物の満鉄である。満鉄はこのために本社鉄道部内に事変記録編纂委員会を設け、専従のスタッフを付けたのである。

こうした事実を満鉄の汚点と見るかどうか。満鉄はその誕生時から、ひたすら大陸侵略の先頭を走ってきた。是も非もなく国策なのである。そして縷々《るる》述べてきたように、満鉄には他に選択肢はなかった。歴史を読み解くには、今の物差しで計って○×をつけるのはたやすいが、それは欠席裁判にも等しい。当時の時代背景に配慮して判断すべきであろう。

事変は土建屋のために起こった

しかし、こうまで尽くした満鉄を関東軍は、あっさり袖にする。振られた満鉄は、ただ従うしかなかった。何しろ相手は「泣く子も黙る関東軍」なのである。

満洲国建国から、およそ三ヵ月後の六月二十五日、石原が参謀本部補任課長の磯谷大佐に宛てた書簡にこんな件がある。

「満鉄会社は軍司令官の監督とし、軍司令官には幕僚の外に単に特務部のみを置きて満蒙開発の方針を決定し、軍司令部はその満蒙開発計画を長春政府及び満鉄をして実行せしむ」

長春政府とは石原らがこれから作ろうとしている政府のことで、石原の構想では満鉄は新政府共々軍司令官の監督下に置かれることになっていた。ただし「軍の威力を直接政治に発揮する時は徒《いたずら》に世人の反感を買うのみならず、遂に軍の威信を墜するに至る恐大なり」と石原ならではの配慮が見られるとはいうものの、満鉄の一つの時代が終わっていたといえる。

それはともかくこの時、石原はハルビンにいた。そして相手の磯谷は日本ではなく満洲に来ていた。六月二十二日の『本庄日記』には、「午後二時、真崎甚三郎参謀次長来訪、同七時より同次長、磯谷補任課長等と会食」とある。この時の磯谷は参謀本部補任課長。この後、磯谷は二十六、二十七日と続けて本庄と面談している。『本庄日記』には、「人事懇談」「再び人事に付き会談」とある。

同一人物と二日にわたって人事について話し合うのは「何か」があるからで、人事には施策がつきものであることから、「何か」は満洲に関わる重大事項であると推察できる。満鉄の処遇についても討議されたとみるのが自然だろう。

この頃、日本国内では石原らが掲げた新国家の金看板「王道楽土」「五族協和」、経済の在り方としての「統制経済」を危ぶむ声で溢れていた。世界が自由な資本主義なのに、満洲だけが統制経済ではうまくゆくはずがない。にもかかわらず関東軍の幕僚は、「財閥、資本家、満洲に入るべからず」などと公言してはばからないのに手を焼いていたのである。

前記、伊藤武雄の著書『満鉄に生きる』にはこうある。

「建国の初期において、反祖国的、反資本主義的、反ソ英米的な雰囲気がでてくるのはたしかです」

事変直後の満洲は、どこもかしこもアンチで溢れていた。日本の旧弊打破こそが改革だという認識だ。満鉄では調査畑が長かった伊藤は一九四三年、北京事務所長を最後に満洲から身を退くが、職務上、満鉄はもとより関東軍、満洲国の裏事情にも精通していた。同著は満鉄に関する名著の一つに数えられている。

とはいえ、日本の資本家たちは満洲に熱烈な思いを寄せていたのである。「来るな」といわれても奉天詣でをする財界人は後を断たなかった。何しろ国内の経済は八方塞がり。日貨排斥の影響で対中輸出が三六パーセント減、卸売り物価は暴騰、農漁村では欠食児童が二十万人を突破、東京では「米よこせ運動」が勃発、政府は備蓄していた台湾米を放出。進軍ラッパが鳴り響く満洲と陸軍に期待したのもムリはない。「三井、三菱、もちろん大倉たちも来るし、その他財界の人たちも船毎に渡満するようになった。このように満洲が関心を持たれるようになったのは結構だが、彼らは儲け主義、利権を漁りに来たのである。利己主義の奴らは追い払へと、軍の中層階級に非常に反抗的気分があるので、奉天に行っても関東軍に接することが出来ない。三井、三菱が見舞い品、慰問品を贈呈しても、慰労会を催しても、誰一人受け取る者がいないばかりか、何のために来たのかと、頭から怒鳴られる始末で、みんなほうほうのていで帰る。しかし満洲に行くもんじゃないということになっても困るのである。佐官級の軍人が威張り散らし、満鉄の理事、正副総裁、日本の財閥も眼中にないといった有様で、満鉄でも困っているのだが、誰も忠告する者がいない」

榊谷仙次郎の一九三一年十二月二十六日の日記にこうある。榊谷といっても知る人はマレだろうが、一九二八年から満洲土木建築業協会理事長の地位にあった、今風にいえば満洲ゼネコンのドンなのである。榊谷は一九一〇年渡満以来、敗戦によって引き揚げるまでの三十六年間一日も欠かさず日記をつけた、希代の記録魔でもあった。今日、榊谷本人も日記の存在も、ほとんど顧みられることがないが、満洲をこれほど生々しくとらえた記録は他に類がない。榊谷は「満洲事変は土建屋のために起こった」とまでいいきっている。

その榊谷日記の一九三二年四月二十五日にはこうある。

「午後二時敦図線工事指名ある。第一区吉川、第二区岡、第三区清水、第四区大林、第五区高岡、第六区福昌、第七区榊谷、第八区大倉」

清水、大林、大倉（大成）は、この時代も日本のゼネコンのトップ。四月二十五日は満洲建国から五十五日目、石原が磯谷に書簡を送る二月前で、まだ満洲の国の形が定まっていない時期だが、すでに土建に関しては日本企業は満洲進出を果たしていたのである。張政権の崩壊で、停滞していた満蒙五鉄道の建設が解禁になったことで、空前の土建ブームが巻き起こった満洲を、ゼネコンが指をくわえて見ているわけがなかった。

関東軍が門を閉ざすならと、ゼネコンは満鉄を突破口とした。古い話だが、日露戦争の折、三百万円もの軍事公債を買ってゼネコン満洲一番乗りを果たし、大儲けをしたのは大倉だ。清水も大林も満鉄の安奉線改築工事（一九〇九年）を請け負っている。いわば満鉄とは古い付き合いなのである。これを拒み切れない満鉄は、榊谷ら土着の業者の反対を押し切って入札に参加させた。ちなみに敦化と図們とを結ぶ敦図線は関東軍が最も重要視していた路線で、図們から北朝鮮に乗り入れ、日本海を経て新潟、敦賀、富山とを結ぶルートが完成した暁には大連・満鉄本線、あるいは朝鮮半島経由・安奉線を凌ぐ、日本と満洲を結ぶ主要路線になるはずであった。

国家と盛衰を共にした満鉄

ともあれ満洲の空気は、武藤体制になって一変。これまでの満鉄中心の開発を見直すことになった。満鉄を縮小して、満洲に内地資本を導入しようというのである。政府の意向も軍の意向もそうなのである。そうなってみると鉄道、炭鉱、港湾の現業三本柱に、南満洲全域に五十余の傍系企業が根を張る大コンツェルン満鉄が邪魔でしかなくなった。どの業種といわず満鉄という大きな壁が立ちふさがっていて、新規参入は難しい状況にあり、その壁を取り払うのが新体制の仕事であった。

一九三二年九月、小磯参謀長は満鉄の十河理事に文書でもって「満鉄の業種別分割、大投資会社設立」等を基本理念とする旨の申し入れを行なったが、満鉄経済調査会は、時期尚早としてこれを拒絶。

しかし来るべき時が来た。翌三三年七月、武藤軍司令官は林総裁に対して、満鉄の改組を要請、具体案を八月までに作成するよう命じた。その一方で関東軍の満鉄改組案が外部に漏れた。俗にいう沼田改組案だ。形式的に手順を踏んだものの、関東軍の腹は満鉄改組に固まっていた。その骨子は満鉄を持ち株会社として鉄道、炭鉱、製鉄部門を独立させ、付属地は満洲国に移管、満鉄の監督権は軍司令部に一元化し、内地資本を積極的に導入するというものであった。

追い込まれた満鉄だが、幹部が賛成派と反対派に割れて統一見解が示せないのに、業を燃やして立ち上がったのが社員会だった。もとより猛反対である。「これが生死を賭けて戦った、われわれに対する仕打ちか」というのである。

一九二七年に社員の自治を目標に掲げて設立された社員会は、その綱領の第一項で「会社の自主独立の地位を擁護し、外部的勢力が不当に会社に及び、その健全なる発達を阻害せんとするときは、全力を以て之れを排除する」とうたったように、社員会と名は穏やかだが、ファイティング・ポーズを取れば侮れない存在なのである。何しろ満鉄の現場は、彼らでないと動かないのである。

社員会の先頭に立って、反対活動をリードしたのが先の伊藤武雄、当時は社員会の幹事長だった。伊藤は幹部一人一人を説得して回った。面と向かって社員会の在り方に異を唱えたのは鉄道部長の村上一人で、他の幹部たちはなまくらな返事しかしない。実は改組案は八田嘉明副総裁の手にわたっていたが、八田はこれを認めるでも拒否するでもなく、のらりくらりとかわしていたのである。満鉄改組は一企業の問題ではなく、満洲国の国家基盤にかかわることで、この間の経緯は、とうてい限られたスペースでは語れない。

ともあれ伊藤の説得は功を奏し、表面、満鉄は反対で固まった。次に伊藤は東京で行なわれる株主総会に代表を送り込んだ。社員会は株主でもあるから、ただの陳情団ではない。しかし、そうまでして関東軍に楯突く社員会に日本のマスコミが興味を持った。当時の世相としては関東軍に楯突くことなどありえないことだった。関東軍の独断専行にクエッションマークをつける新聞報道も社員会に味方した。

こうなると、関東軍も何らかの手を打たざるを得なくなった。社員会に対して、反対なら対案を示せといってきたのだ。社員会は委員会を結成して「傍系事業（鞍山製鉄所を含む）と商事部を独立させ、鉄道炭鉱を中心とした創業時の形に戻す」との対案を示し、結果として関東軍が譲歩し、改組問題は社員会案に沿った形で結着した。

しかし逼迫《ひっぱく》する時局は、さらなる満鉄に変質を迫った。一九三三年の満鉄鉄道部門の国有化を皮切りに、一九三七年の満洲重工業株式会社（通称満業、創立時資本金四億五千万円）の設立に至って、満鉄はまったく姿を変えた。昭和製鋼所、満洲炭鉱、満洲軽金属、同和自動車、満洲航空機など満鉄傘下の諸会社が満業に譲渡されたのである。改組でなく解体である。

満洲における重工業部門を充実させるために必要なことではあったが、こうした流れを早めたのは一九三七年に始まる日中戦争（支那事変）だった。戦争は日本経済を戦時経済に追い込み、統制経済が始まった。その結果、統制を嫌う国内資本が一斉に満洲に流れた。戦争が満洲を潤したのである。満洲開発が本格的に軌道に乗ったのは日中戦争が起こってからのことで、満鉄解体は時の流れでもあった。

ちなみに一九三二年以降の日本の対満投資額だが、見たとおりの増加ぶり。

一九三二年九七〇〇万円、三三年一億六〇〇〇万円、三四年二億五二〇〇万円、三五年三億八二〇〇万円、三六年二億六三〇〇万円、三七年四億五三〇〇万円、三八年五億二五〇〇万円、三九年一〇億七五〇〇万円、四〇年一二億二五〇〇万円、四一年一四億二四〇〇万円、四二年一二億九九〇〇万円。

戦況が悪化した一九四三年が九億八九〇〇万円、四四年が八億七一〇〇万円、四五年九億円と下降したが、日本が満洲に投資した総額は建国以前を含めると一兆一千億円を超えたとされている。ただし建国以前の分には満鉄らへの株式投資も含まれる。

そして満鉄全体の損益は前記のように、事変当年の一九三一年、一二、五九九千円と大幅にダウンしたのが、三三年は六一、二八八千円と四倍増、以降も順調に上昇を続け、日中戦争が始まった一九三七年以降は以下の通りで、終戦の前年には一億の大台に達した。

一九三七年七三、九二九千円、三八年七二、八七五千円、三九年七七、八四八千円、四〇年七六、七一一千円、四一年七二、一三一千円、四二年八四、八八八千円、四三年九二、九五九千円、四四年一一三、八〇〇千円。

いわゆる満洲ロマン

ところで、満洲事変をいつをもって終わりとすべきなのか。満洲建国は一応の到達点ではあるが、関東軍の軍事行動はその後も続いており、十五年戦争論でいえば、終焉は彼の大戦の敗北の一九四五年の夏ということになる。事変勃発の一九三一年から起算すると一九四五年は十五年目にあたることから、十五年戦争の呼び名があるのは周知のとおりだ。中国大陸を舞台に、同じ敵と戦い続けたのだから、満洲事変と盧溝橋に始まる一連の日中戦争がそれぞれの延長線上にあるのは当然だが、その間、事変を日中間の大紛争にまで拡大させないチャンスが一度だけあった。塘沽《タンクー》停戦協定だ。事変の軍事行動が一段落した一九三三年春以降も関東軍、学良軍共にそれぞれの理由から長城線（当時の中国本土と満洲との境界線呼称）を挟んで対峙していた。

関東軍は満洲国の治安が脅かされるとの理由で、同年五月七日、長城線を越えて通州、塘沽にまで兵を進めた。当時、共産勢力との抗争で精一杯だった国民政府軍はそれどころではなかったが、放置すれば天津が危うくなることから、蒋介石は関東軍との停戦調停に乗り出し、五月三十一日、関東軍岡村副参謀長と国民政府軍代表黄郛《こうふ》との間で停戦協定が成立した。関東軍は同地域から撤退、国民政府軍も正規軍を駐屯させず、治安保持のための保安隊のみが置かれることになった。いわば軍事的空白地帯が現出したのである。そしてしばらくは平穏な状態が続いたのである。

だがしかし、蔣介石はこのことによって国内から手厳しい批判を浴びる。一貫して満洲国の存在を否定してきた中国が、仮にせよ満洲が中国の主権の及ばない地域であることを肯定することになったからである。「恐日病」のレッテルを貼られた蔣介石は、国民政府主席、行政院院長、陸海空三軍総司令の職を辞すことで非難を交わそうとするが、結果的にさらなる混乱を招くことになった。

ここで関東軍（日本というべきか）が矛《ほこ》を収めておれば、とりあえず戦争状態に終止符を打てたのである。しかし現実はそうはならなかった。関東軍は非武装地帯となった華北に傀儡《かいらい》である冀《き》東《とう》政権を立ち上げ、同地域の第二の満洲化を目論んだのである。今に思えばこれが泥沼化の第一歩であった。

十一月二十五日の冀東政権誕生に合わせるように、十二月二十日、興中公司（本社天津）が設立された。社長は事変に功績のあった十河が就任、資本金一千万円は全額満鉄の出資、主な目的は満洲で生産される銑鉄、石炭の中国国内での販売、満洲開発に関連する中国における事業の直営、斡旋、投資等であった。

関東軍の意図するところは、かつて満洲において満鉄がそうであったように、衣の下に鎧を隠しての経済進出、柳の下に二匹目のドジョウを狙ったのだが、時の総裁松岡洋右は構想時点から反対。満洲に赴任する松岡に首相の岡田啓介は、「満鉄は以前は政党の食い物になったことがあるが、今度の興中公司では、陸軍の食い物になろうとしているから注意してくれ」と警告。政府、満鉄のバックアップのないまま、たいした実績をあげることもなく、同公司は一九四一年に解散。所詮は軍人の浅知恵だった。

さて、本書の結びである。

一九四五年八月十五日、日本政府はポツダム宣言を受諾。同時に満洲でも敗戦処理が行なわれた。八月十七日、関東軍は満鉄最後の総裁となった山崎元幹に、満鉄を一任すると告げた。一度は取り上げた鉄道を、今度は投げ返したのである。二十日、山崎は全社員に「現職に止まり、輸送及び生産機能の確保に努むべし」と叱咤激励。鉄道が止まれば、他に交通手段のない満洲は機能停止に陥るのである。

九月二十二日、ソ連代表・カルギン中将は満鉄の法人格は消滅したと通告。引き続き三十日、ＧＨＱは満鉄の閉鎖を命令したが、中長鉄路と名を変えた満鉄は存在した。

この時点で満鉄はその任を解かれたのである。しかし現実に鉄道は一日も休まずに動いた。

ソ連軍が関東州を除く、満洲から引き上げるのと前後して、国民政府軍と中共軍とによる内戦が始まった。一進一退のめまぐるしい戦況の中、満鉄職員は留用という名のもとに現場にとどまることを強要された。一九四六年十二月の時点で国民政府側の留用者は九千六百五十四名、家族を合わせると三万余人、中共側の留用者は約一万名という数字があるが、正確なところはわかっていない。ともかく多くの日本人職員は現場にとどまることが強要されたのである。それは占領軍の絶対命令であり、生きてゆく糧を得るためでもあったが、鉄道への愛着、在満の同胞の帰国を果たすためという思いがあった。

一九四六年四月、国民政府軍が奉天（瀋陽）に入ると邦人の帰国がにわかに具体化した。五月七日、引き揚げ第一陣が葫蘆《ころ》島を出港。以後、続々と満洲各地から移送列車が葫蘆島に向かい、十月三十日には第一次帰還計画が終了、百一万人の日本人が帰国を果たした。満鉄は大きな荷物を下ろしたのである。

山崎の帰国は一九四七年十月、満鉄の最後の留用組が帰国したのは一九五五年二月。かつて満鉄に属していた鉄道と炭坑のすべての処分権の中国人民共和国への移譲は一九五二年四月の日中平和条約を経て、一九七二年九月の田中角栄・毛沢東会談によって了承、確認された。一九〇六年の創業から六十六年後のことである。

日露戦争に始まった満鉄の盛衰は日本国家の盛衰と共にあったといえる。誤解を恐れずにいえば満鉄の生涯は「花も実もある生涯」であった。

よく聞く言葉だが「満洲にはロマンがある」という。侵略、虐待、差別という現実から目を反らせると、そこに映るのは日本の夢の数々であった。開国以来、明治の男たちが抱き続けてきた夢、富国強兵が結実した姿そのものなのである。歴史考証にロマンティシズムはタブーとされているが、当事国が互いに相手をなじるだけの歴史認識にどれほどの意味があるというのか。

満洲において石原莞爾、満鉄は満洲ロマンの象徴ともいえる存在なのである。彼らをシンボライズすることが、歴史認識を誤らせているかのようにいう人がいるが、開国以降、日本が大陸進出を目指したことが、そんなに間違ったことだったのか。確かに朝鮮や中国の人には酷い仕打ちをした。しかし開き直るわけではないが、立場が逆であったらどうなっていたか。彼らが日本の領土を侵さず、日本人を同胞のごとく慈しんでくれたか。幸いというべきか、東海の孤島の日本には富源がなく、他国の侵略を受けることはなかった。

今日、日本で語られる近現代史の、かなりの部分は中国、朝鮮、台湾における歴史認識の影響を受けている。つまり被害者の歴史だ。デフォルメされている部分があるにせよ、彼らが指摘する事実から目を逸らしてはならないのはもとよりだが、日本の立場から事実を述べることを臆してはならない。過去の汚点を汚点と認め、立場の違いから生じる齟齬《そご》を解消するには、途方もない時間がかかるが、われわれがそのことに積極的に取り組まなければならないのは、それこそが過去への償いだからである。

大陸進出は日本と日本人の大きな活力となった。あのまま四つの島に閉じ込もっていたら、日本人が本来的に有するエネルギーは、欧米列強からの外圧にくわえて、狭い国土、少ない資源では存分に発揮できなかったのではなかろうか。日本は台湾を五十年間、朝鮮を三十六年間、満洲を十三年間にわたって支配した。そのことの是非はともかく、今日の日本の繁栄はこの時代があって達成されたのは間違いないところである。

満洲国はどんな国だったのか。満鉄はどんな存在だったのか。誤解を恐れずにいえば、日本人が創造した最高傑作ということである。十三年という短い期間に、あれほど高い完成度の国家を建設したのは世界史上、他に類がない。世界有数の経済大国となった日本において、いまだに満鉄を超える企業が存在していないことからも、満鉄の大きさが測れるというものである。

満鉄が存在しなければ、石原は事変を起こしていない、いや起こせなかった。石原は「張政権を倒すために事変を起こしたのではない」と公言しているように、満洲全土を実質領土化しなければ事変を起こす意味がないのである。

あのときの石原は雷鳴がごときであった。地を裂き、風を起こして国をつくった。だがその後の石原の人生は変転の繰り返しであった。佐高信は石原を「放火犯の消火作業を称えることができない」と酷評する。石原は放火犯でもなければ消防士でもない。事変は石原がマッチを擦って起こしたのではなく、時代の趨勢で、あの場所に石原を配したのも時代がそうさせたのである。幕末に土佐が坂本竜馬を輩出したようにである。佐高は盧溝橋事件の際、不拡大を主張した石原をさして〈マッチ・ポンプ〉といってるようだが、まわりがイケイケドンドンの中で不拡大を唱えるのは勇気のいることであるばかりでなく、あれは正しい判断だった。事変で火をつけておいてというのは難癖以外の何ものでもない。

石原の限界は味方を増やす努力をしなかったことにある。東条英機の失敗は味方以外はすべて敵にしてしまったことである。石原は対人関係において、敵、味方を意識しないところがあった。人の言に左右されず、わが道を行くのが石原流で、自己過信が挫折を招いた。石原が敵でない人間を味方にする努力をしていたら、もう少しうまく生きれたのではないかと惜しまれる。

しかし役どころを得たという点では、石原は昭和の軍人では他に類をみない。近現代史を扱う古書店に行くとよくわかる。石原に関する書が一つの棚を独占している。他を全部合わせたより多いのである。中身は玉石混淆《ぎょくせきこんこう》だが、石原が日本の近現代にとって、いかに大きな存在であったかがわかる。

佐高は石原を書くにあたって一週間ほど満洲に行ったという。わずかに一週間満洲を旅しただけで、佐高が満洲を「石原莞爾と日本人が見た夢」と切って捨てた思いきりのよさに唖然とするだけである。

筆者は近年、六回満洲を旅した。一九八八年、一九九四年、二〇〇〇年、二〇〇一年、二〇〇三年、二〇〇六年。気の合う数名の仲間とミニバスを借りて、馴染みのガイドと運転手とで十日、長いときで二週間、ブラブラするのである。鉄道を利用するのを止めたのは移動が車のほうが便利だからでもあるが、観光の定番になっているような所に何度行っても、かつての満洲は見えてこない。行きたい所に行くには車が一番である。

「満洲事変の発端となった柳条湖事件（中国ではこれを「九・一八事件」と呼ぶ）の記念館に、首謀者としてただ二人、板垣と石原のレリーフが掲示されているのを見たときに最高潮に達したのである」と佐高は書いているが、あの種の博物館がプロパガンダのためにつくられているという認識が、佐高になかったことが意外だった。

満洲を旅すると各地で日本時代の残滓《ざんし》に遭遇する。ガイドブックにはなく、地元の人が教えてくれるのである。広大な畑の中に忽然と姿を見せる関東軍の飛行機の格納庫。山の土手っ腹に鉄扉で閉ざされた横穴は関東軍の弾薬庫跡で、五つ並んでいるうち、最大のものは高さ十七メートル、奥行き七十メートルもある。台座だけが残る忠魂碑、線路脇に関東軍時代のトーチカを見ることはマレではない。先の弾薬庫もトーチカも農家が穀物庫として有効利用している。

日本にいてペーパー（資料）をめくっているだけでは、本物の満洲は見えてこないのである。なんの出会いがなくても街の喧噪と中国人特有の食生活の匂いと、そこで生活する人たちと接触すれば、いやでも満洲がみえてくる。今や日本人にとっては半世紀以上もたった他国の出来事だが、彼らにとっては忘れようにも忘れられない、身近な生活体験なのである。

鉄道を利用しなくても、行く先々の駅舎には立ち寄る。その数は百に近い。大都市を除けば、ほとんどの駅舎が満鉄時代のもので、無人駅にもかかわらず、十分に清掃されているのに驚く。花壇には季節の花があり、ホームにはゴミひとつ落ちていない。地元の人の奉仕活動だという。

彼らにはこの鉄道が日本のものだったという認識は薄いように思える。それは駅名が昔から中国名だったこととも関係する。新京から長春、奉天から瀋陽、安東から丹東と変わっている所もあるが、ほとんどの駅名は満鉄時代のままなのである。この鉄道が、かつて日本のものだったのか、それとも日本が一時拝借しただけなのか、そんなことはどうでもよいと思えてくるのが満洲旅行の醍醐味であろう。まさしくロマンである。

満洲事変を実感したければ、奉天に四、五日でも滞在することである。奉天には事変当時の街並みが多く残っている。大広場（中山広場）のたたずまいは事変当時と、ほとんど変わっていない。変わったのは明治三十七八年戦役記念碑の跡に毛沢東の立像が立っているくらいのもので、臨時軍司令部になった東拓ビル、ヤマトホテル、横浜正金銀行、奉天警察署なども昔のままである。大広場から特務機関、独立守備隊があった北五条（北五条馬路）、奉天駅は歩ける距離にある。事変所縁の場所を散策し、夜、ホテルで事変を回想する。お勧めの旅である。

文庫版あとがき

満洲事変から百年、今、思うこと

ロシアによるウクライナへの侵攻は地域紛争にとどまっているが、対応を誤ると地球が危ない。

時はさかのぼって一九三一年九月十八日、満洲（中国東北部）の奉天（瀋陽）で事件は起きた。関東軍による鉄道爆破、いわゆる柳条湖事件である。翌日、事件発生を知った日本政府は緊急閣議を召集。若槻礼次郎首相は南次郎陸相に事件はあくまでも自衛のための行動かと念を押し、南陸相は「固より然り」と答えた。閣議は事態を現在以上に拡大しない方針を決めた。日本政府は地域紛争にとどめるつもりであったが、現実はそうはならなかった。満洲事変である。

ワシントト、ロンドン筋は日本の行動が、即座にアジアに於ける欧米諸国の脅威にな

ると は受け止めてはいなかったが、一部には日本の行動は国際連盟に対する挑戦であり、集団安全保障体制にとっての脅威であるとの認識はあった。

一九三二年三月の国際連盟特別総会でフィンランド代表が演説をした。

「国際連盟は真の力、真の保証たりうるのか。全世界の死活に関する安全保障の問題が起こり、列強の間で論争になっても、つねにただ討議機関に過ぎないのか」

欧米諸国の懸念をよそに、事件勃発後、関東軍は五ヵ月も経ないうちに満洲のほぼ全域を占領し、三二年に満洲国建国を宣言。総面積は約百三十万平方キロメートルの巨大国家が誕生したのである。これはヨーロッパではロシアに次いで広いウクライナの領土の約二割、ドネツク州、ザポロジエ州にほぼ相当する。

先のフィンランド代表の演説の「国際連盟」を「国際連合」に置き換えると、常任理事国が一国でも反対すれば何も決められない今日と重なる。討議すれども何も決められない状況は満洲事変当時と全く変わっていないということである。柳条湖の戦火は盧溝橋事件から日中戦争へ、真珠湾奇襲から太平洋戦争へと拡大した。NATOを含め関係各国がロシア・ウクライナ紛争に有効な手段のうてない今、地球が危ない。

二〇二三年七月

岡田和裕

《参考文献》「満洲国における経済建設の軌跡」北東アジア史研究会編・発行＊保阪正康「蔣介石」文藝春秋＊内田康哉伝記編纂委員会「内田康哉」鹿島平和研究所＊「財団法人満鉄会六十年の歩み」満鉄会＊天野博之「満鉄を知るための十二章」吉川弘文館＊南満洲鉄道株式会社編「満洲事変と満鉄上下」原書房、復刻版＊鉄道総局建設局編「満洲鉄道建設秘話」満鉄社員会＊草柳大蔵「実録満鉄調査部上下」朝日新聞社＊山田豪一「満鉄調査部・栄光と挫折の四十年」日経新書＊原田勝正「満鉄」岩波新書＊「満鉄とは何だったのか」藤原書店＊菊池寛「満鉄外史」原書房＊著者代表安藤彦太郎「日本帝国主義と満洲」御茶ノ水書房＊桜井忠温「肉弾」筑摩書房、明治戦争文学集＊桜井忠温「銃剣は耕す」新潮社＊増村保信「ペリーは、なぜ日本に来たか」新潮選書＊児玉誉士夫「運命の門」鹿鳴社＊森正蔵「旋風二十年」鱒書房＊「文藝春秋にみる昭和史」文藝春秋＊板垣征四郎刊行会編「秘録板垣征四郎」芙蓉書房＊片倉衷「片倉参謀の証言叛乱と鎮圧」芙蓉書房＊片倉衷「回想の満洲国」経済往来社＊片倉衷・古海忠之「挫折した理想国・満洲国興亡の真相」現代ブック社＊陸戦史研究普及会編「第二師団のチチハル攻略」原書房＊参謀本部編「満洲を繞る国際戦」鵬和出版＊島田俊彦「関東軍―在満陸軍の独走」中公新書＊岸田五郎「張学良はなぜ西安事変に走ったか」中公新書＊山口重次「消えた帝国満州」毎日新聞社＊金井章次・山口重次「満洲建国戦史―満洲青年連盟かく戦えり」大湊書房＊山口重次「満洲建国の歴史」栄光出版社＊山口重次「満洲建国の歴史―満洲協和会史」栄光出版社＊満洲青年連盟史刊行委員会編「満洲青年連盟史」原書房＊駒井徳三「大満洲国建設録」中央公論社＊星野直樹「見果てぬ夢」ダイヤモンド社＊「満洲忘じがたし」満洲教育専門学校陵南会＊豊田穣「松岡洋右―悲劇の外交官上下」新潮社＊松岡洋右伝記刊行会「松岡洋右―その人と生涯」講談社＊相良俊輔「赤い夕陽の満州野が原に」光人社＊「張作霖爆殺の全容・河本大作大佐供述書」Ｔｈｉｓ ｉｓ読売、１９９７年11月号＊「満蒙に血の雨を―河本大作・張作霖爆殺予告書簡を初公開」現代、１９９２年9月号＊林久治郎「満洲事変と奉天総領事」原書房＊藤曲政吉「満洲建国と五省の富源」満洲通信社＊本庄繁「本庄日記」原書房＊林政春「満洲事変の関東軍司令官本庄繁」大湊書房＊戸部良一「日本陸軍と中国・支那通にみる夢と蹉跌」講談社選書メチエ＊大江志乃夫「張作霖爆殺―昭和天皇の統帥」中公新書＊白雲荘主人「張作霖」中公文庫＊猪木正道「軍国日本の興亡―日清戦争から日中戦争へ」中公新書＊山室信一「キメラ―満洲国の肖像」中公新書＊臼井勝美「満洲事変―戦争と外交と」中公新書＊馬場伸也「満洲事変への道―幣原外交と田中外交」中公新書＊大塚健洋「大川周明―ある復古革新主義者の思想」中公新書＊亀井宏「東条英機―東京裁判の主役、軍人宰相の罪と罰上下」光人社ＮＦ文庫＊石射猪太郎「外交官の一生」中公文庫＊幣原喜重郎「外交五十年」中公文庫＊「幣原喜重郎」幣原平和財団＊「大連市史」地久館・原書房＊平野零児「満洲の陰謀者」自由国民社＊「満洲開発論―拓殖大学出身者に

よる」拓殖大学＊佐藤垢石「青木宣純」（墨水書房）＊鑓田研一「奉天城」・新潮社＊鐘田研一「王道の門」新潮社＊松本健一「日本の失敗―第二の開国と大東亜戦争」岩波文庫＊松尾尊兊編「石橋湛山評論集」岩波文庫＊藤村道生「日清戦争」岩波新書＊伊東六十次郎「日本の東亜政策と満洲問題」民族建設研究会＊林久治郎「満洲事変と奉天総領事」原書房＊朽木寒三「馬賊戦記」番町書房＊易顕石・張徳良・陳崇橋・李鴻鈞著、早川正訳「九・一八事件史―中国側から見た満洲事変」新時代社＊「太平洋戦争への道・第二巻満洲事変」朝日新聞社＊河野恒吉「国史の最黒点」時事通信社＊成田精太「瓦解」図書刊行会＊「歴史と人物・満洲事変を考えなおす」中央公論、一九八四年二月号＊「昭和の35大事件」文藝春秋＊「秘められた昭和史」別冊知性、河出書房＊「丸・大関東軍戦史特集」潮書房＊松村秀逸「三宅坂」東光書房＊角田順編「石原莞爾資料国防論策編」原書房＊上法快男編「石原莞爾の素顔」芙蓉書房＊早瀬利之「石原莞爾満州合衆国」光人社＊早瀬利之「石原莞爾満州備忘ノート」光人社＊榊山潤「石原莞爾」湊書房＊山口重次「悲劇の将軍石原莞爾」世界社＊阿倍博行「石原莞爾生涯とその時代（上）」法政大学出版局＊「共通の広場・石原莞爾特集号」独立評論社＊佐高信「黄砂の楽土・石原莞爾と日本人が見た夢」朝日新聞社＊石原莞爾「最終戦争論・戦争史大観」中公文庫＊石原莞爾「世界最終戦論」新正堂＊秦郁彦「昭和史の謎を追う（上）」文藝春秋＊林正義編「秘められた昭和史」鹿島研究所出版会＊「満洲と日本人」大湊書房、一九七六年季刊3号他＊勝田龍夫「重臣たちの昭和史上下」文藝春秋＊大谷敬二郎「軍閥二・二六事件から敗戦まで」図書出版社＊福田實「満洲奉天日本人史」謙光社＊山本条太郎翁伝記編纂会「山本条太郎」図書出版社＊守島伍郎、柳井恒夫監修「日本外交史18・満洲事変」鹿島平和研究所＊室井兵衛編著「満洲独立守備隊」私家本＊「満鉄最後の総裁山崎元幹」満鉄会編、発行＊満洲国史編纂刊行会「満洲国史総論・各論」満蒙同胞援護会＊里村欣三「戦乱の満洲から」集英社＊別冊一億人の昭和史日本植民地史4続満洲「満洲事変勃発当夜の奉天駅」読者投稿、毎日新聞＊西木正明「其の逝く処を知らず―阿片王・里見甫の生涯」集英社文庫＊今村均「私記・一軍人六十年の哀歓」芙蓉書房＊塚本誠「ある情報将校の記録」中公文庫＊戸川猪佐武「昭和外交五十年」角川文庫＊田崎末松「評伝・田中義一上下」平和戦略総合研究所＊猪木正道「評伝吉田茂　青雲の巻、獅子の巻」読売新聞社＊小倉和夫「吉田茂の自問―敗戦、そして報告書・日本外交の過誤」藤原書店＊満史会編「満洲開発四十年史上下補巻」謙光社＊浅田喬二、小林英夫「日本帝国主義の満洲支配」時潮社

単行本　平成二十一年九月「満鉄と満洲事変意外史」改題　光人社刊

NF文庫

満鉄と満洲事変

二〇二三年九月二十四日 第一刷発行

著 者 岡田和裕

発行者 赤堀正卓

発行所 株式会社 潮書房光人新社

〒100-8077 東京都千代田区大手町一-七-二

電話／〇三-六二八一-九八九一(代)

印刷・製本 中央精版印刷株式会社

定価はカバーに表示してあります

乱丁・落丁のものはお取りかえ

致します。本文は中性紙を使用

ISBN978-4-7698-3326-0 C0195

http://www.kojinsha.co.jp

刊行のことば

第二次世界大戦の戦火が熄《や》んで五〇年——その間、小社は夥しい数の戦争の記録を渉猟し、発掘し、常に公正なる立場を貫いて書誌とし、大方の絶讃を博して今日に及ぶが、その源は、散華された世代への熱き思い入れであり、同時に、その記録を誌して平和の礎とし、後世に伝えんとするにある。

小社の出版物は、戦記、伝記、文学、エッセイ、写真集、その他、すでに一、〇〇〇点を越え、加えて戦後五〇年になんなんとするを契機として、「光人社NF（ノンフィクション）文庫」を創刊して、読者諸賢の熱烈要望におこたえする次第である。人生のバイブルとして、心弱きときの活性の糧《かて》として、散華の世代からの感動の肉声に、あなたもぜひ、耳を傾けて下さい。

NF文庫